全国银行业专业人员职业资格考试热题库

银行业法律法规与综合能力（中级）

全国资格认证考试热题库编委会
邵冰　主编

策划编辑：陈希尔

封面设计：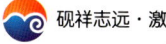 砚祥志远·激光照排

联系我们：
地址：辽宁省大连市沙河口区星海大厦
电话：0411-84669496
邮箱：retiku@retiku.cn

如有任何疑问
请联系客服人员

扫一扫，关注中国纺织出版社热题库系列

中国纺织出版社　中国纺织出版社　中国纺织出版社　中国纺织出版社
热题库　　　　　官方微信大众版　官方微博　　　　天猫旗舰店

ISBN 978-7-5180-4013-1

定价：58.00元

 中国纺织出版社
全国百佳出版单位
国家一级出版社

内 容 提 要

本书主要依据中国银行业专业人员职业资格考试专业实务科目《银行业法律法规与综合能力》(中级)科目要求而编写,内容涵盖思维导图、模拟试卷、热题库三部分,思维导图能够帮助读者理清复习脉络,模拟试卷可以帮助读者检测复习效果,热题库可以帮助读者逐一击破考试重点、难点及易错点,增强应试能力。

图书在版编目(CIP)数据

全国银行业专业人员职业资格考试热题库. 银行业法律法规与综合能力. 中级 / 全国资格认证考试热题库编委会,邵冰主编. — 北京:中国纺织出版社,2018.1
全国资格认证考试热题库
ISBN 978-7-5180-4013-1

Ⅰ. ①全… Ⅱ. ①全… ②邵… Ⅲ. ①银行—从业人员—中国—资格考试—习题集 ②银行法—中国—资格考试—习题集 Ⅳ. ①F832-44

中国版本图书馆CIP数据核字(2017)第218009号

策划编辑:陈希尔　　责任印制:储志伟

中国纺织出版社出版发行
地址:北京市朝阳区百子湾东里A407号楼　邮政编码:100124
销售电话:010—67004422　传真:010—87155801
http://www.c-textilep.com
E-mail: faxing@c-textilep.com
中国纺织出版社天猫旗舰店
官方微博http://weibo.com/2119887771
三河市延风印装有限公司印刷　各地新华书店经销
2018年1月第1版第1次印刷
开本:787×1092　1/16　印张:9
字数:201千字　定价:58.00元

凡购本书,如有缺页、倒页、脱页,由本社图书营销中心调换

纺织社资格考试系列热题库

全国银行业专业人员职业资格考试热题库

《银行业法律法规与综合能力》(初级)

《银行业法律法规与综合能力》(中级)

《风险管理》(初级)

《风险管理》(中级)

《个人贷款》(初级)

《个人贷款》(中级)

《个人理财》(初级)

《个人理财》(中级)

《公司信贷》(初级)

《公司信贷》(中级)

《银行管理》(初级)

《银行管理》(中级)

全国期货从业人员执业资格考试热题库

《期货法律法规》

《期货基础知识》

《期货投资分析》

全国证券从业人员执业资格考试热题库

《金融市场基础知识》

《证券市场基本法律法规》

全国基金从业人员执业资格考试热题库

《基金法律法规、职业道德与业务规范》

《证券投资基金基础知识》

《私募股权投资基金基础知识》

心理咨询师国家职业资格考试热题库

《心理咨询师》(二级)

《心理咨询师》(三级)

目 录

一、热题库使用说明

二、思维导图

  第一章 经济基础知识

  第二章 金融基础知识

  第三章 金融市场

  第四章 银行体系

  第五章 负债业务

  第六章 资产业务

  第七章 中间业务

  第八章 理财业务

  第九章 业务创新与发展

  第十章 银行管理基础

  第十一章 公司治理、内部控制与合规管理

  第十二章 商业银行资产负债管理

  第十三章 资本管理

  第十四章 风险管理

  第十五章 银行基本法律法规

  第十六章 民事法律制度

  第十七章 商事法律制度

  第十八章 刑事法律制度

  第十九章 行政法律制度

  第二十章 银行监管体制

  第二十一章 银行监管目标、方法

  第二十二章 银行自律与市场约束

三、模拟试卷

  《银行业法律法规与综合能力（中级）》模拟试卷（一）

  《银行业法律法规与综合能力（中级）》模拟试卷（二）

  《银行业法律法规与综合能力（中级）》模拟试卷（三）

参考答案及解析

第一章 经济基础知识

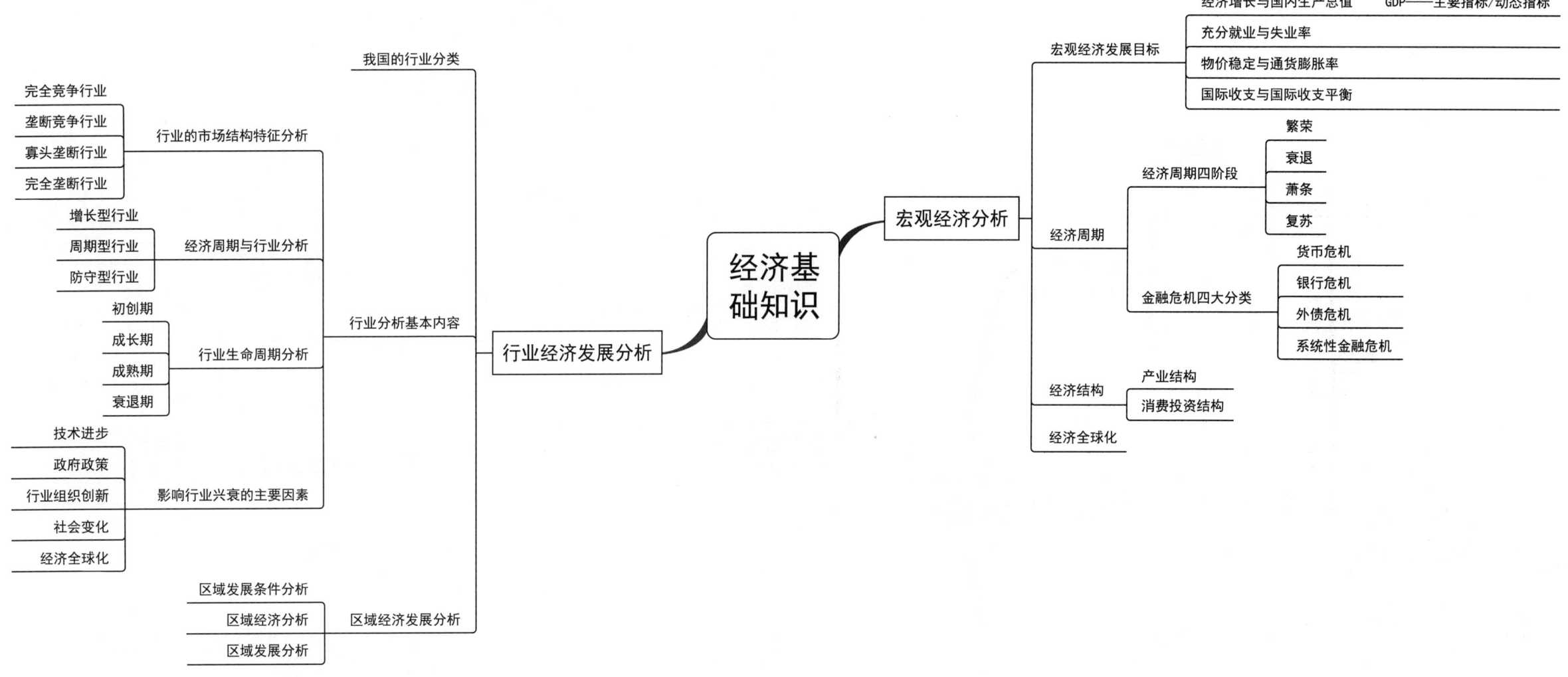

第二章 金融基础知识

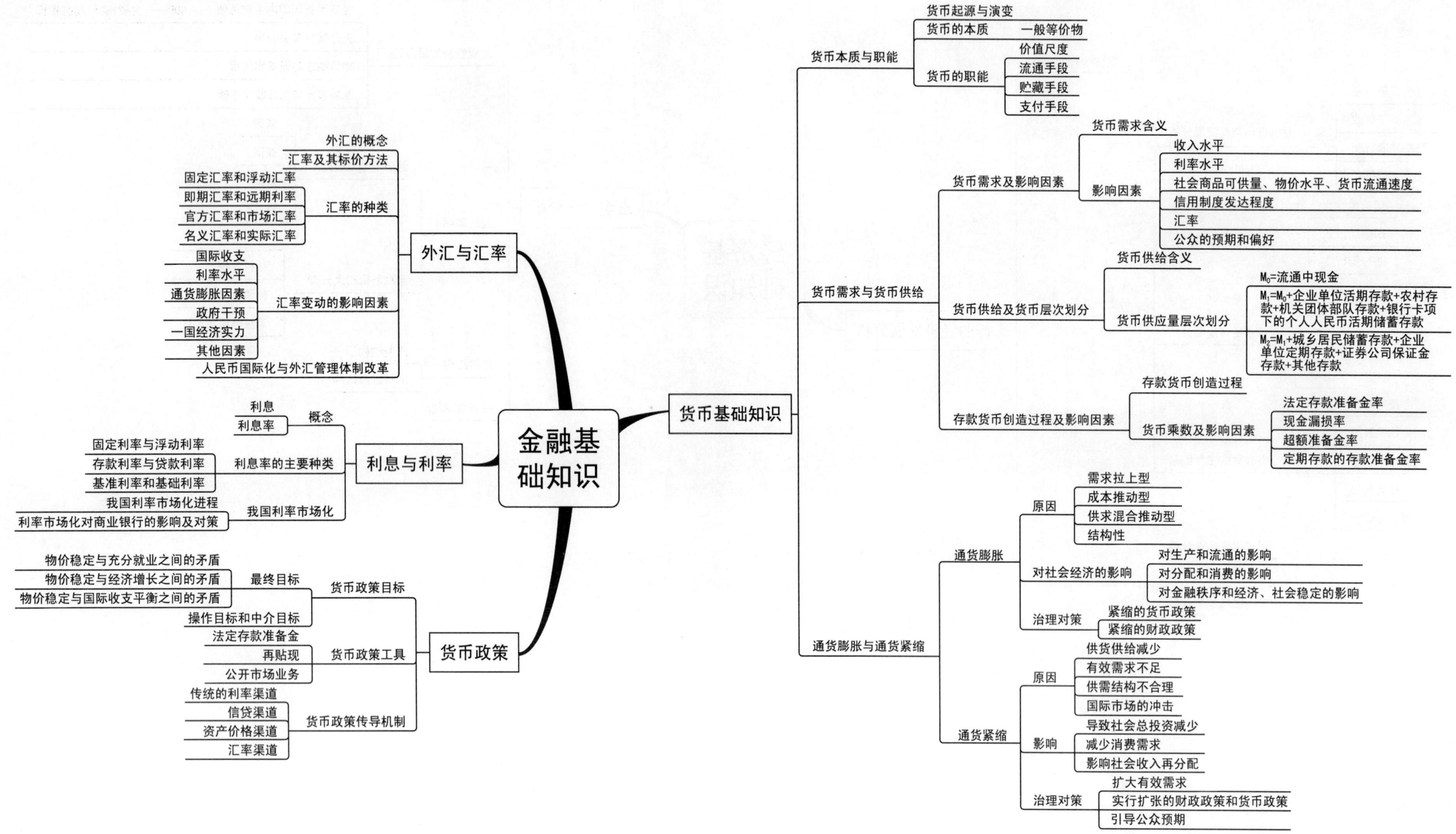

第三章 金融市场

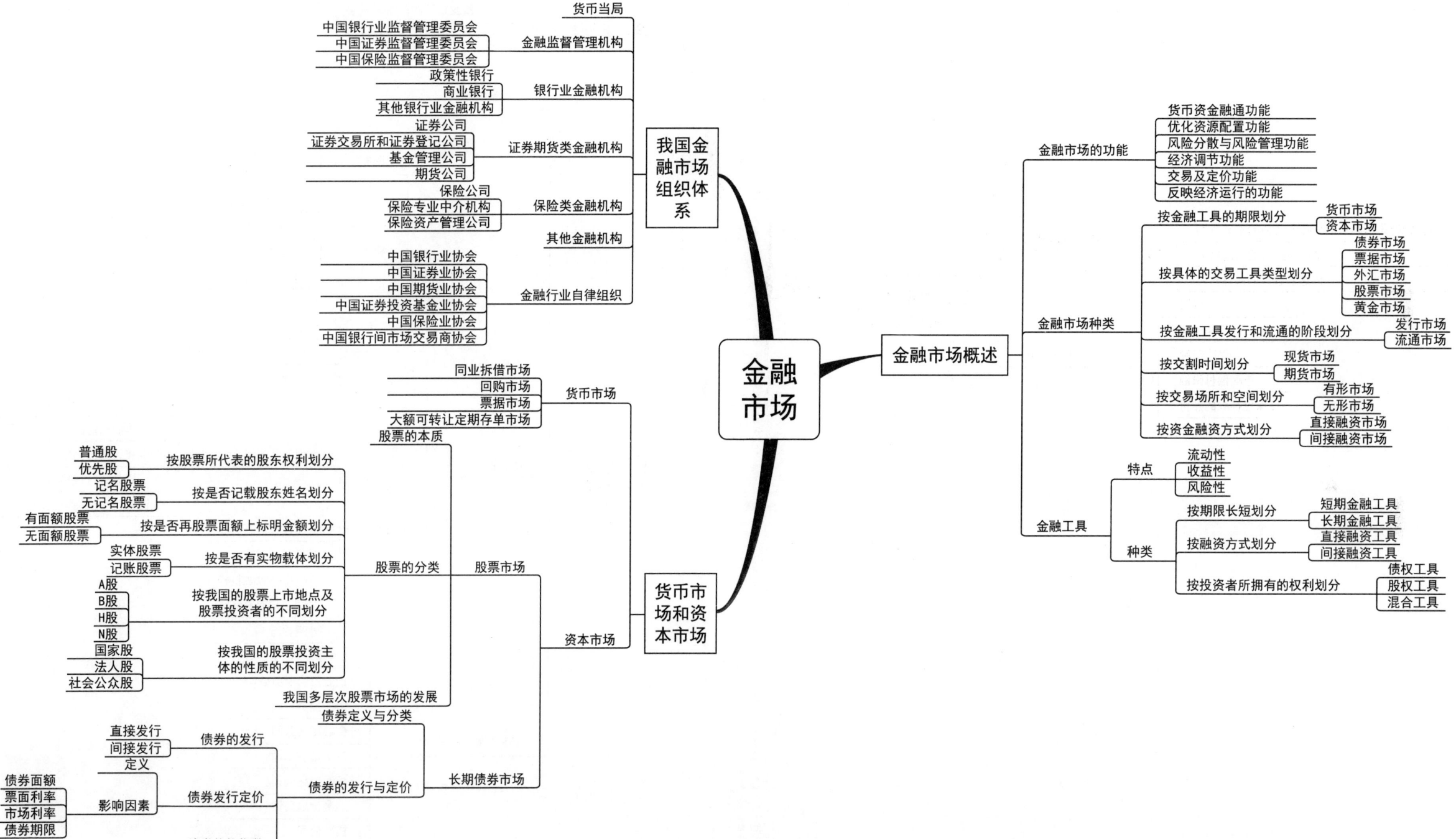

第四章 银行体系

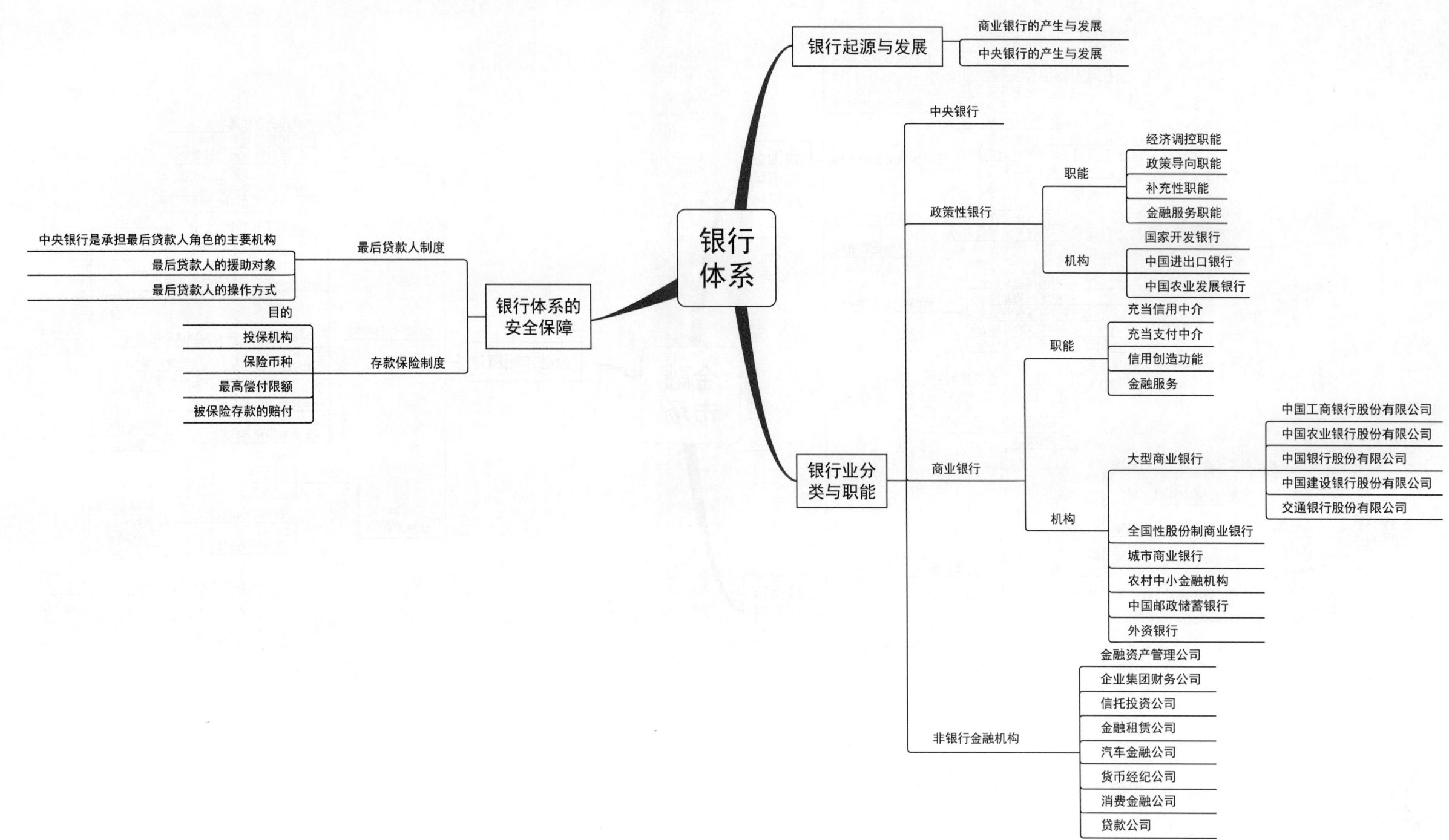

第五章 负债业务

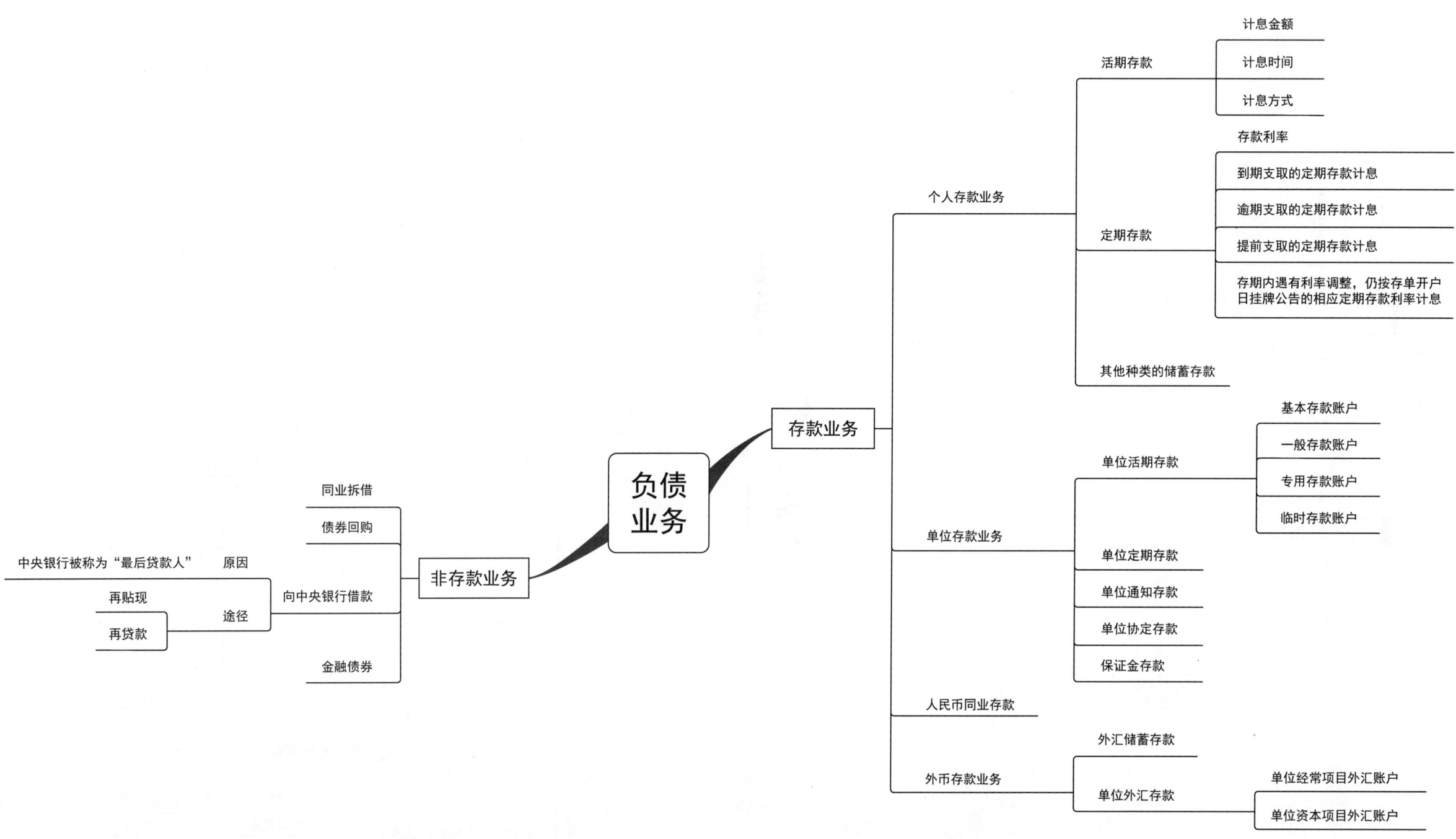

第六章 资产业务

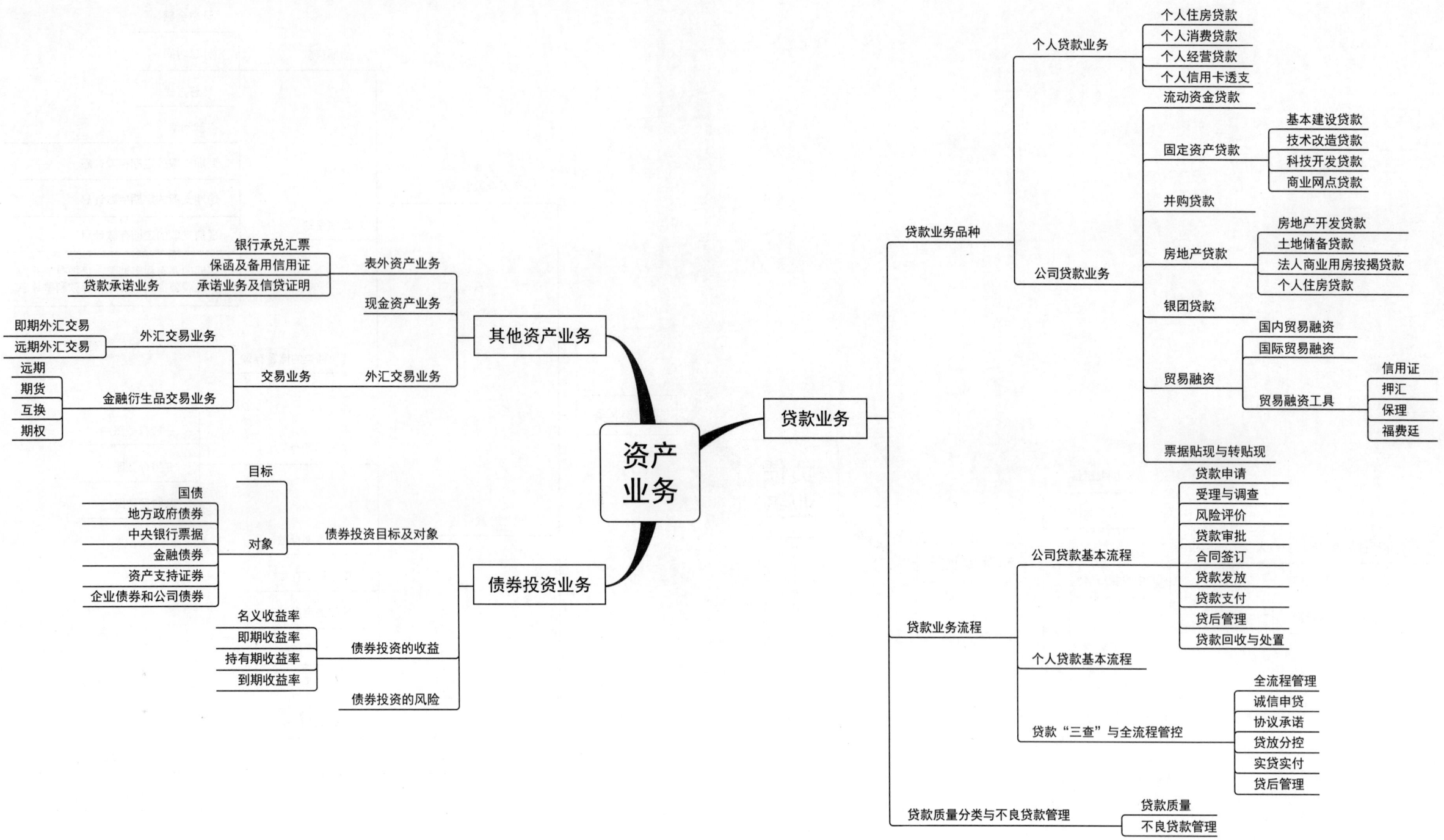

第七章 中间业务

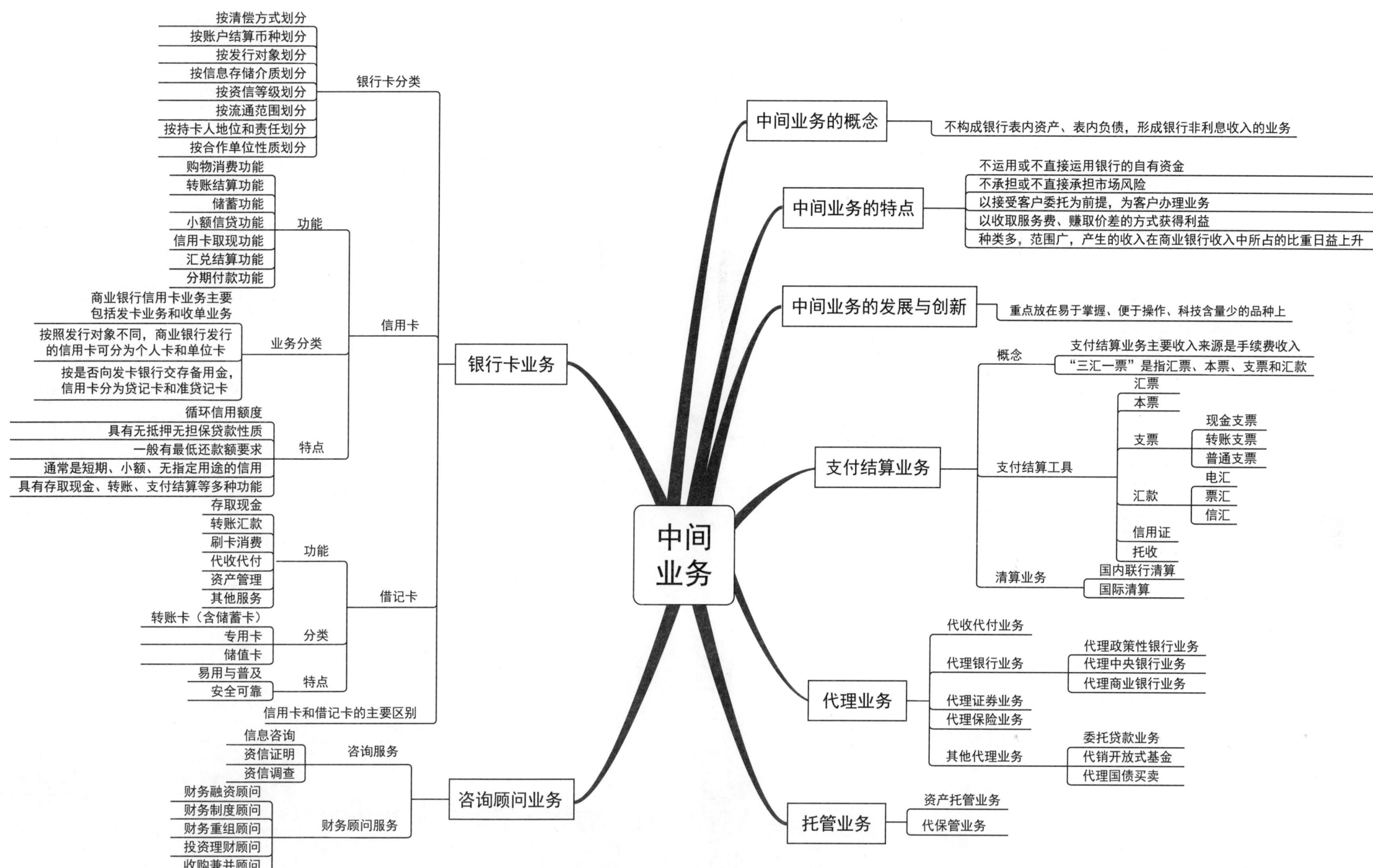

第八章 理财业务

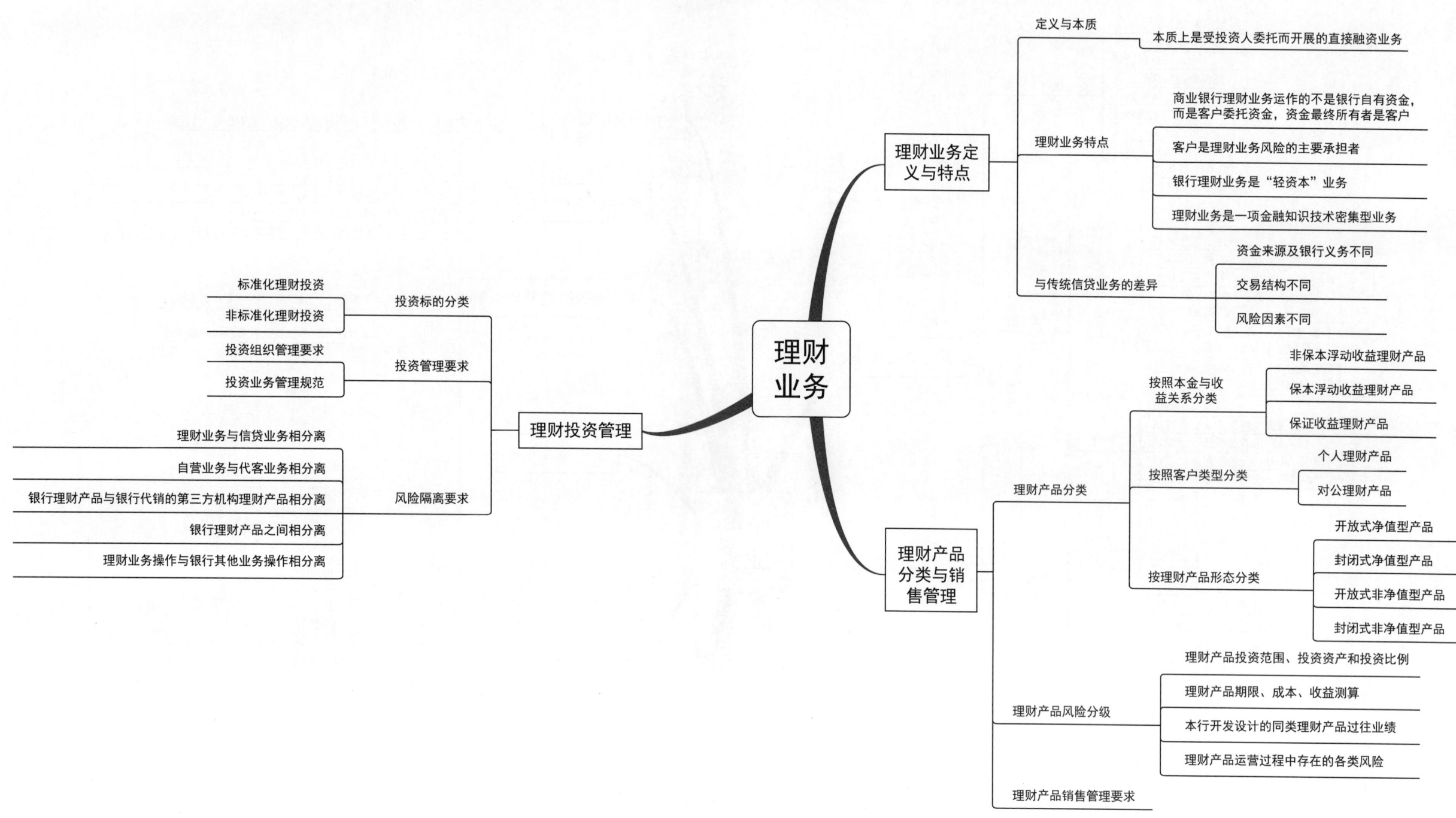

第九章 业务创新与发展

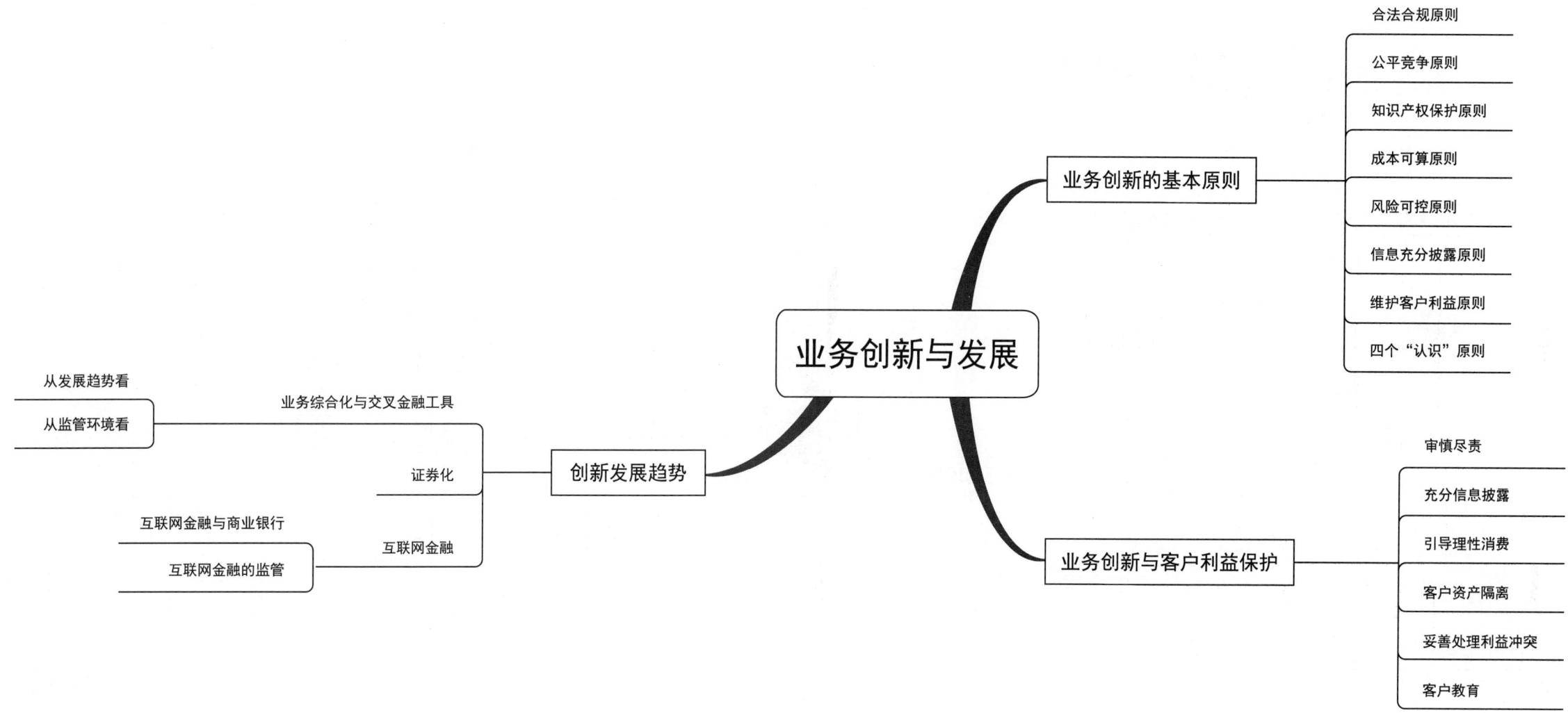

第十章 银行管理基础

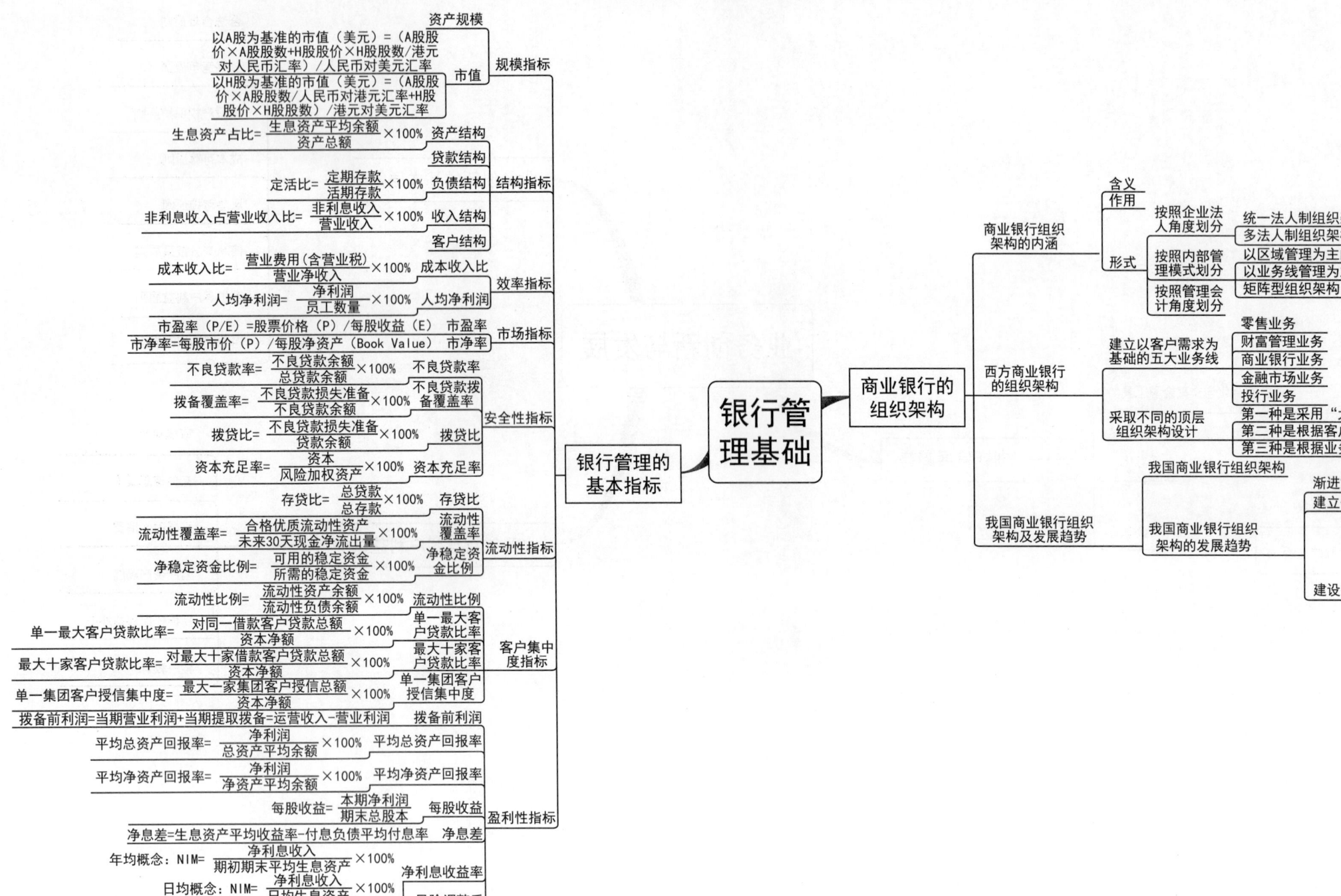

第十一章 公司治理、内部控制与合规管理

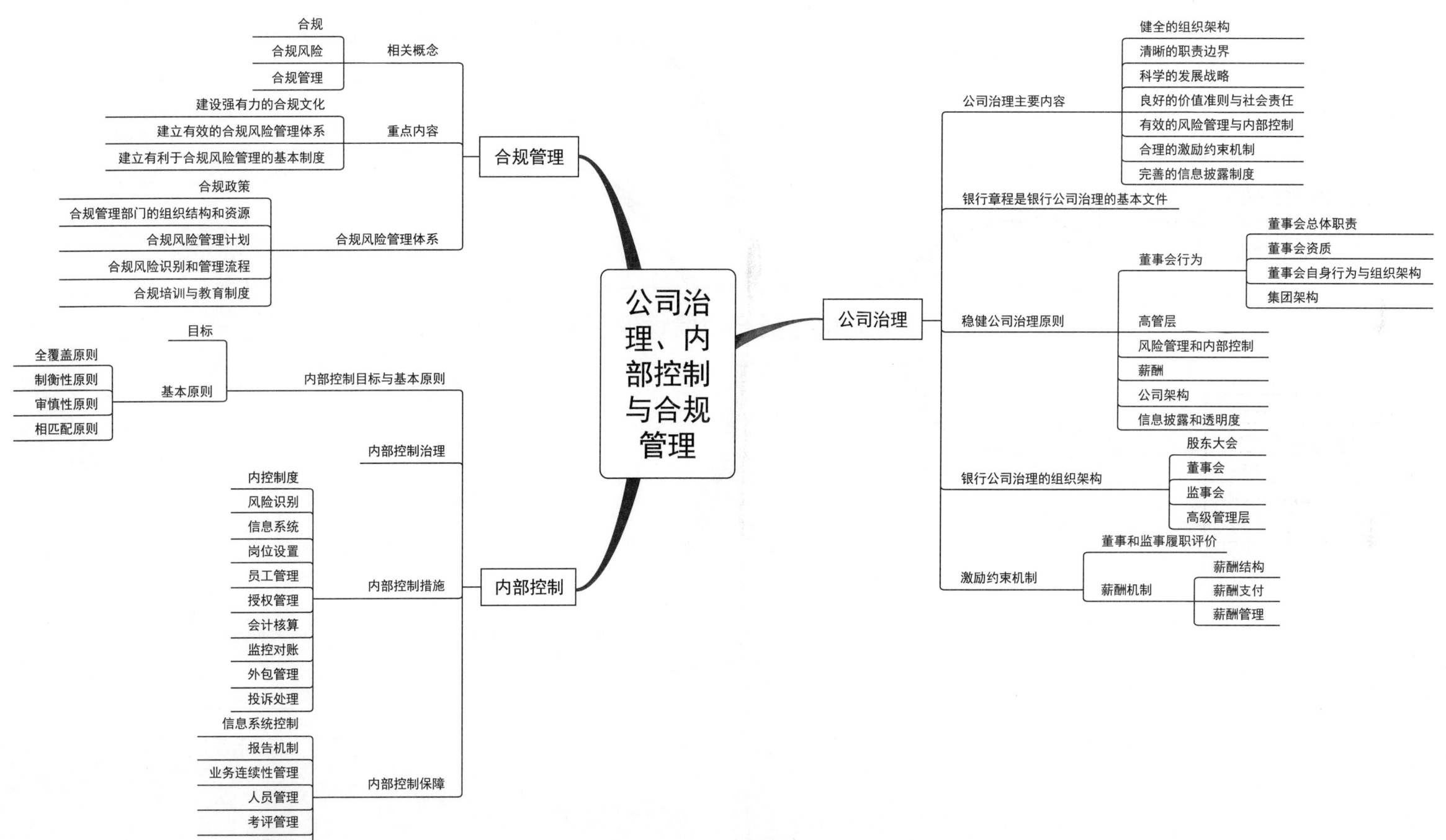

第十二章 商业银行资产负债管理

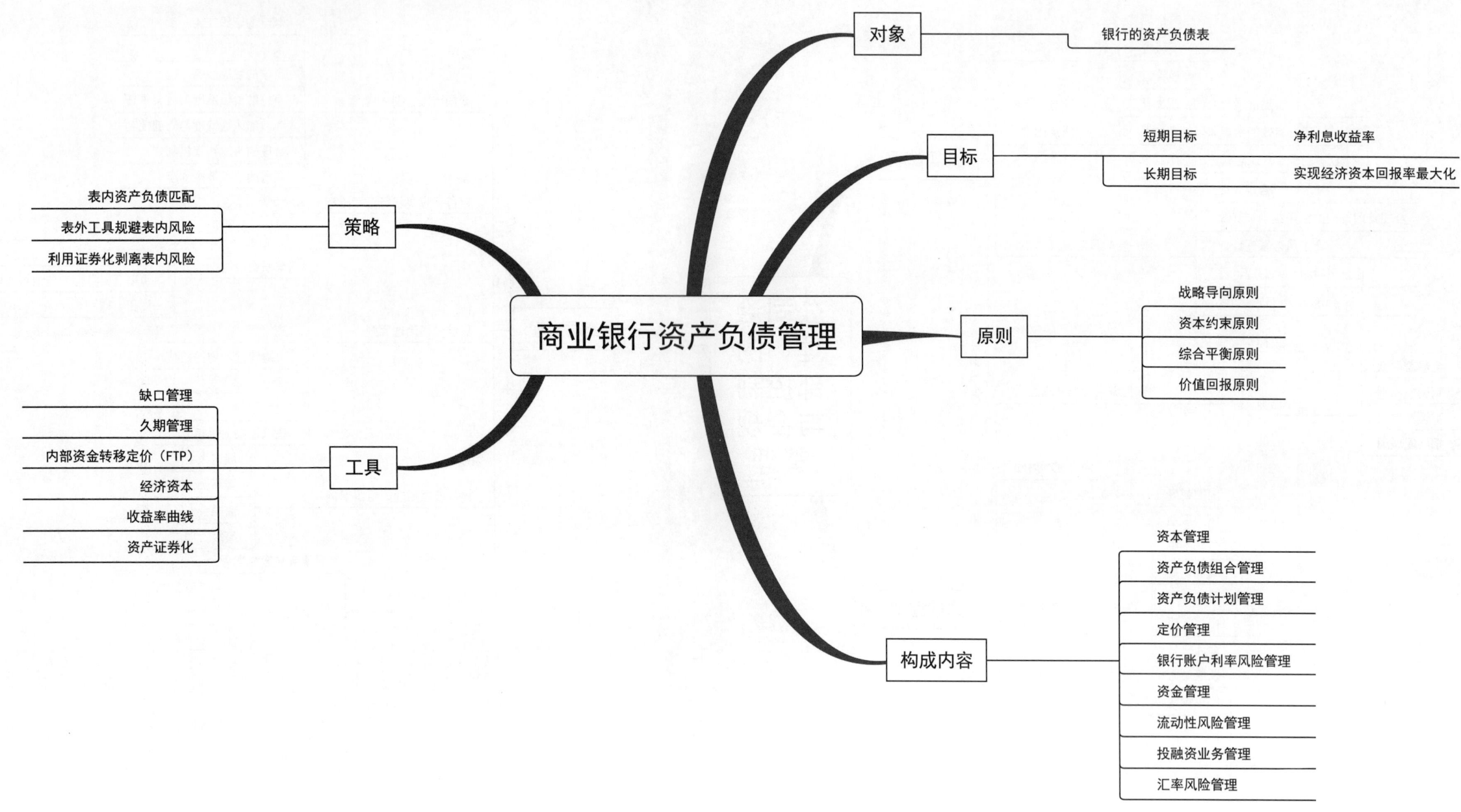

第十三章 资本管理

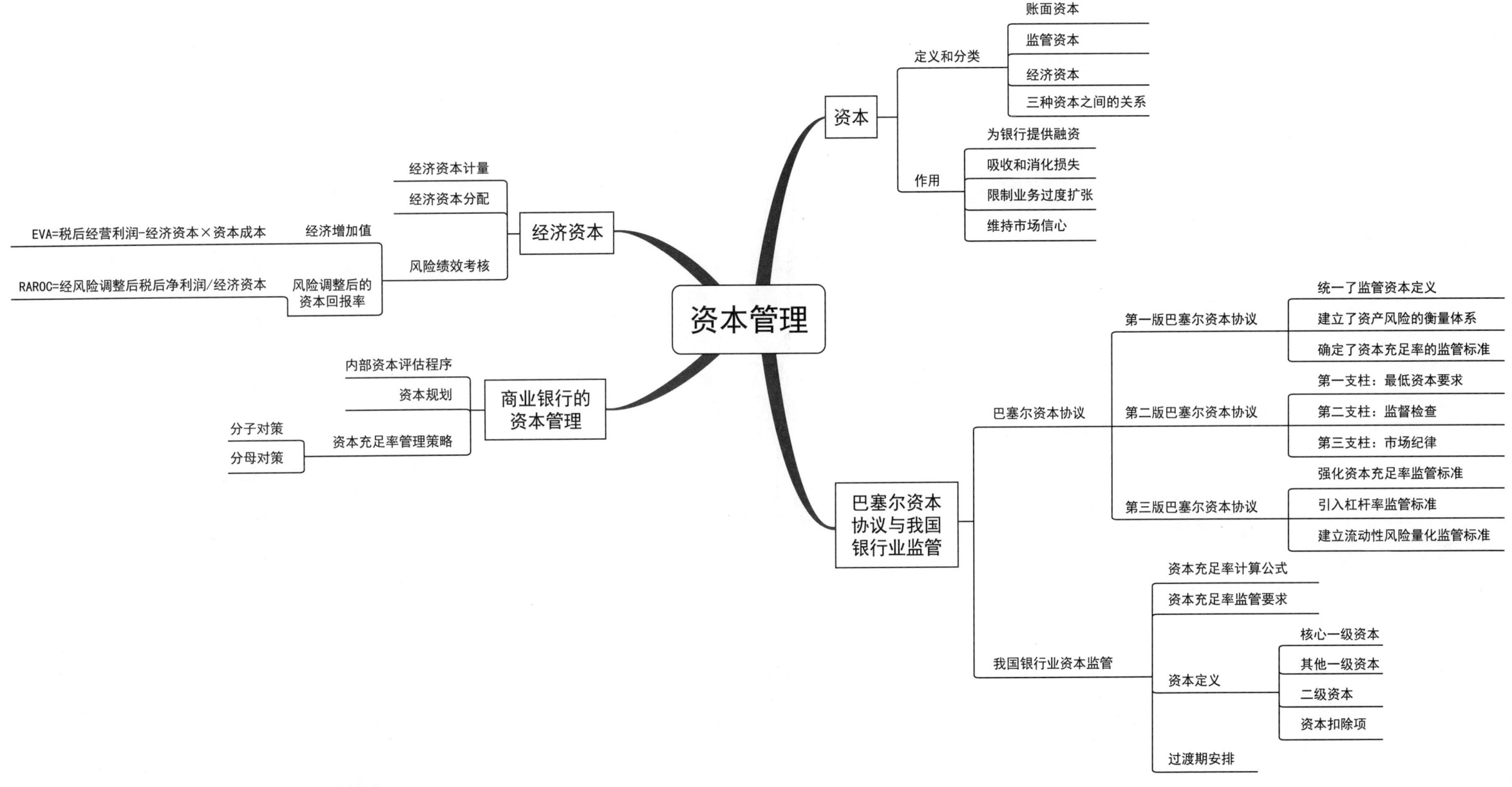

第十四章 风险管理

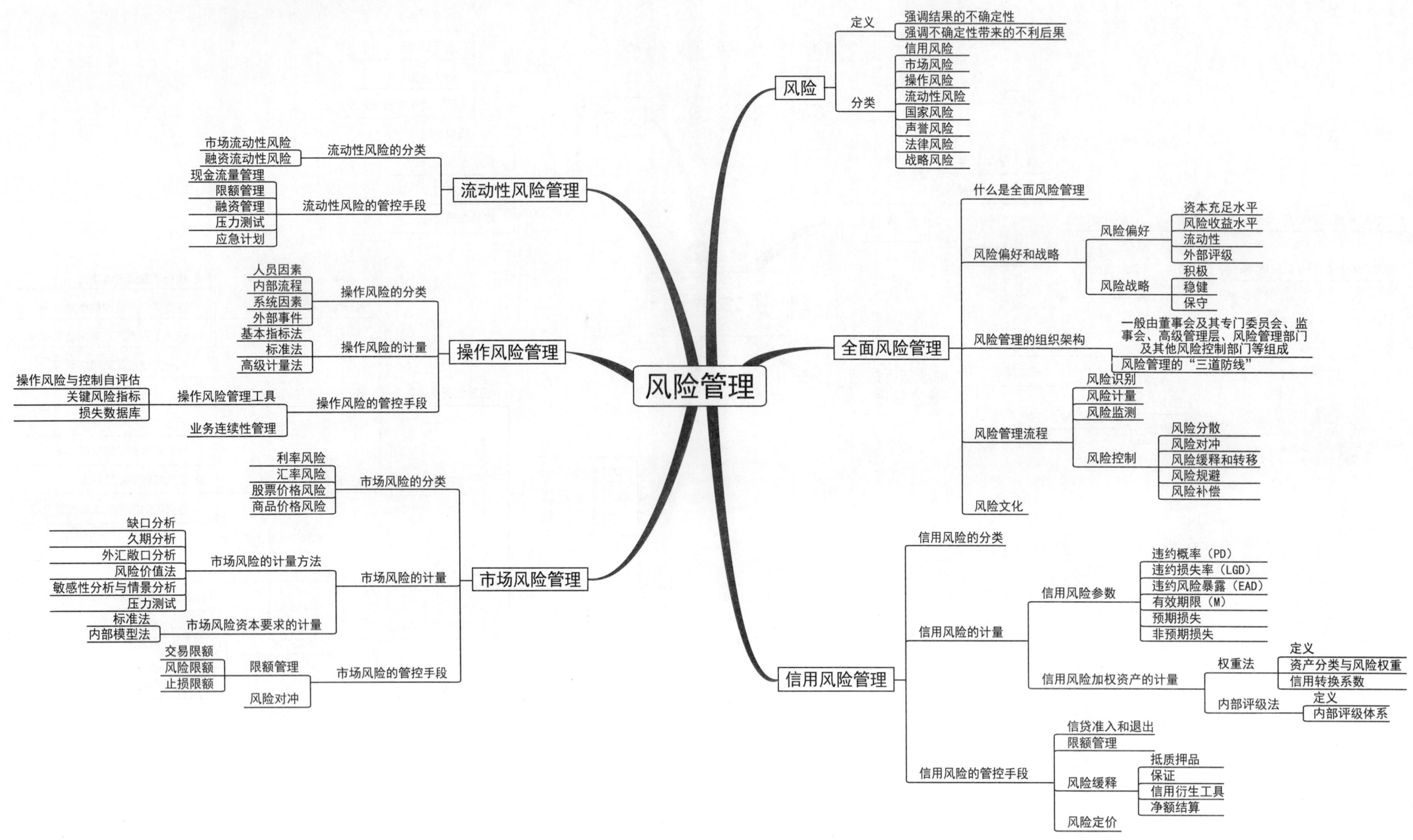

第十五章 银行基本法律法规

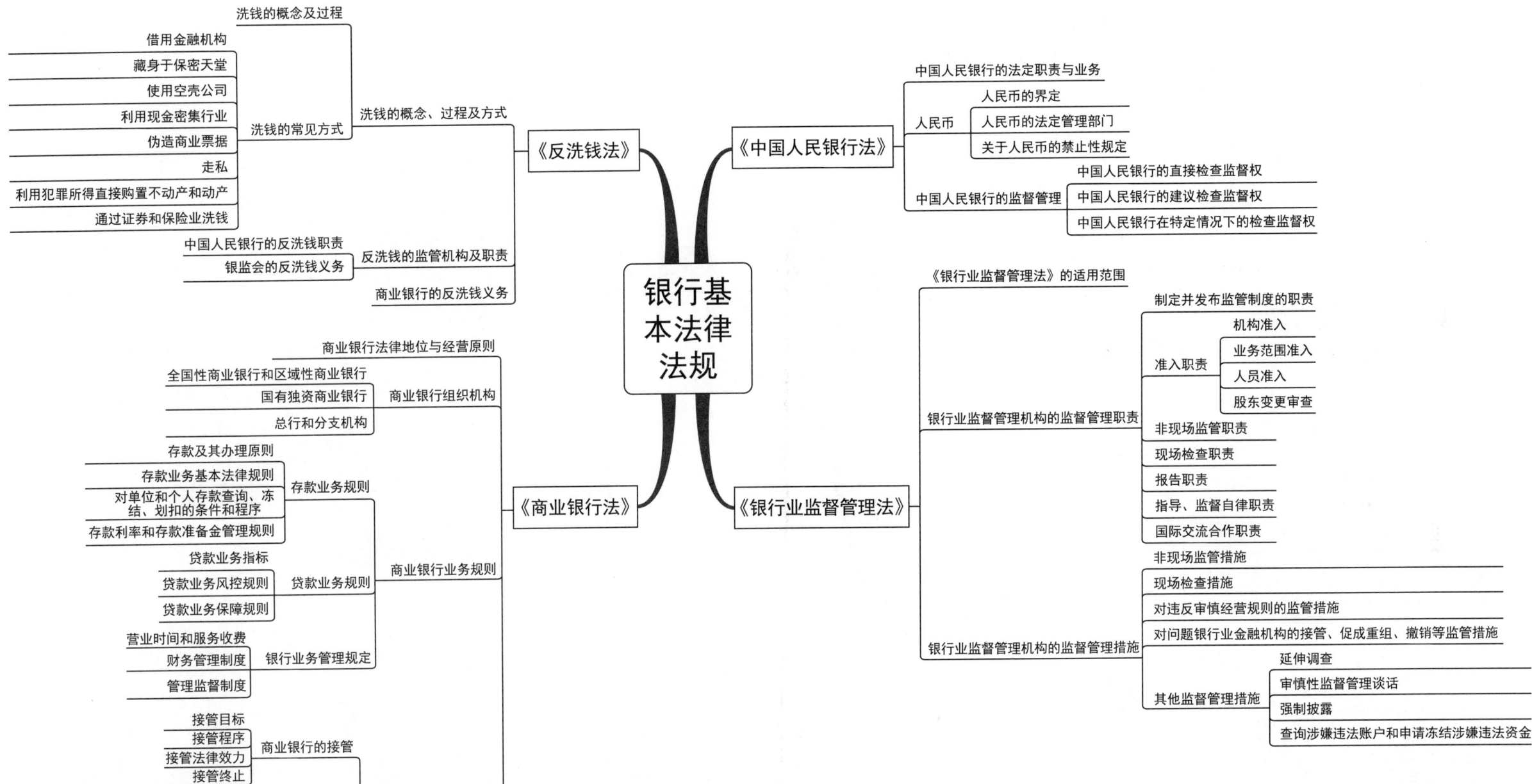

第十六章 民事法律制度

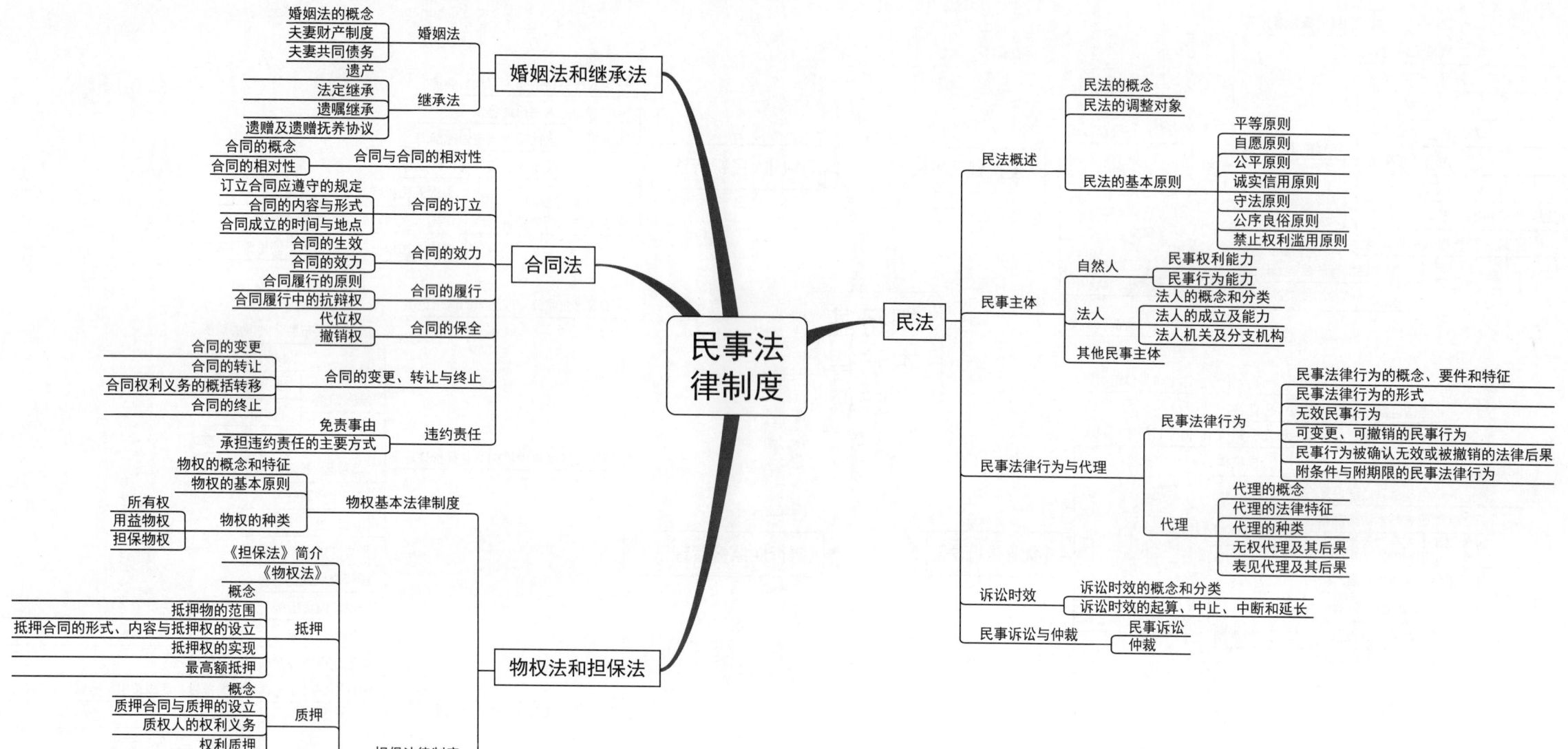

第十七章 商事法律制度

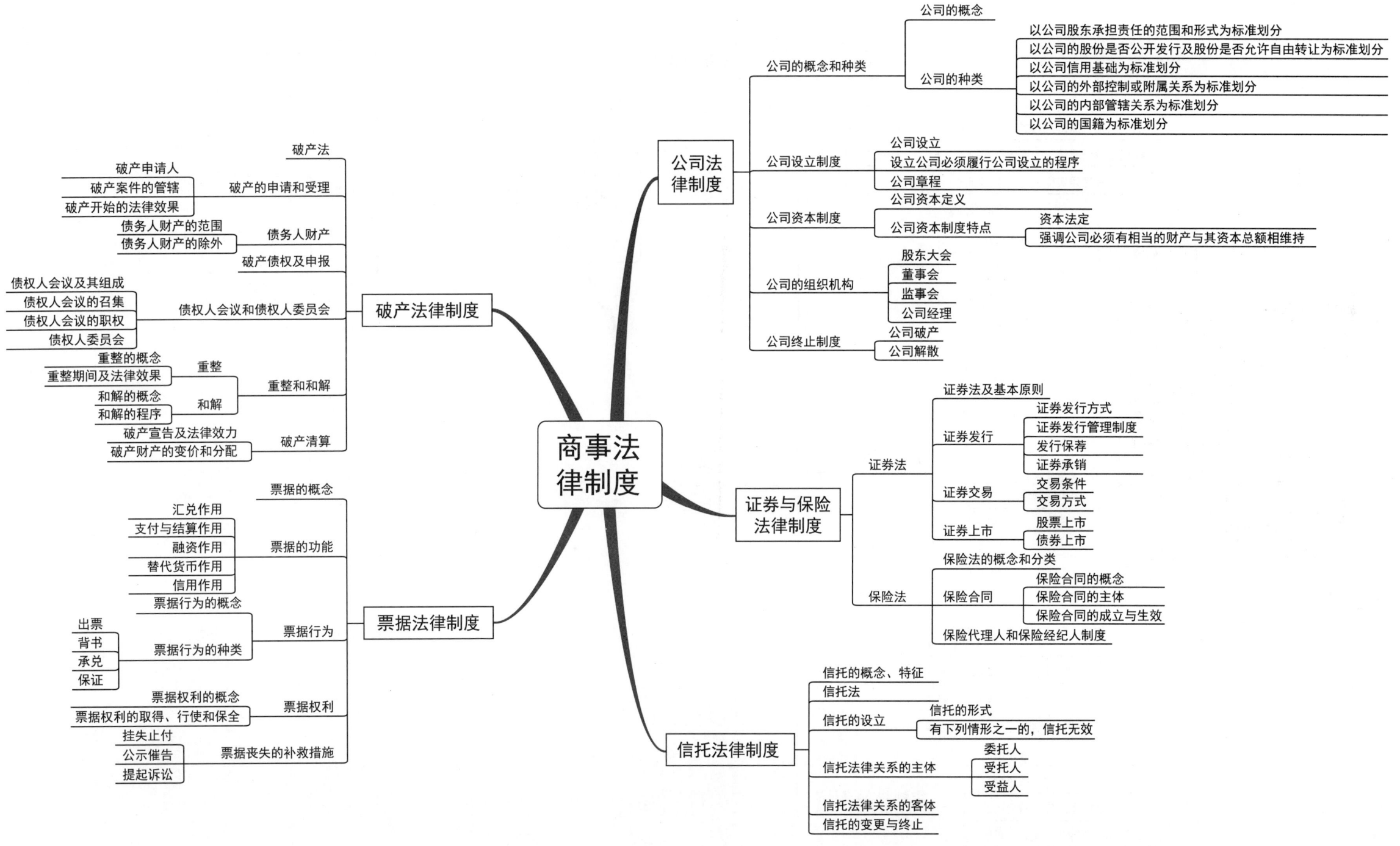

第十八章 刑事法律制度

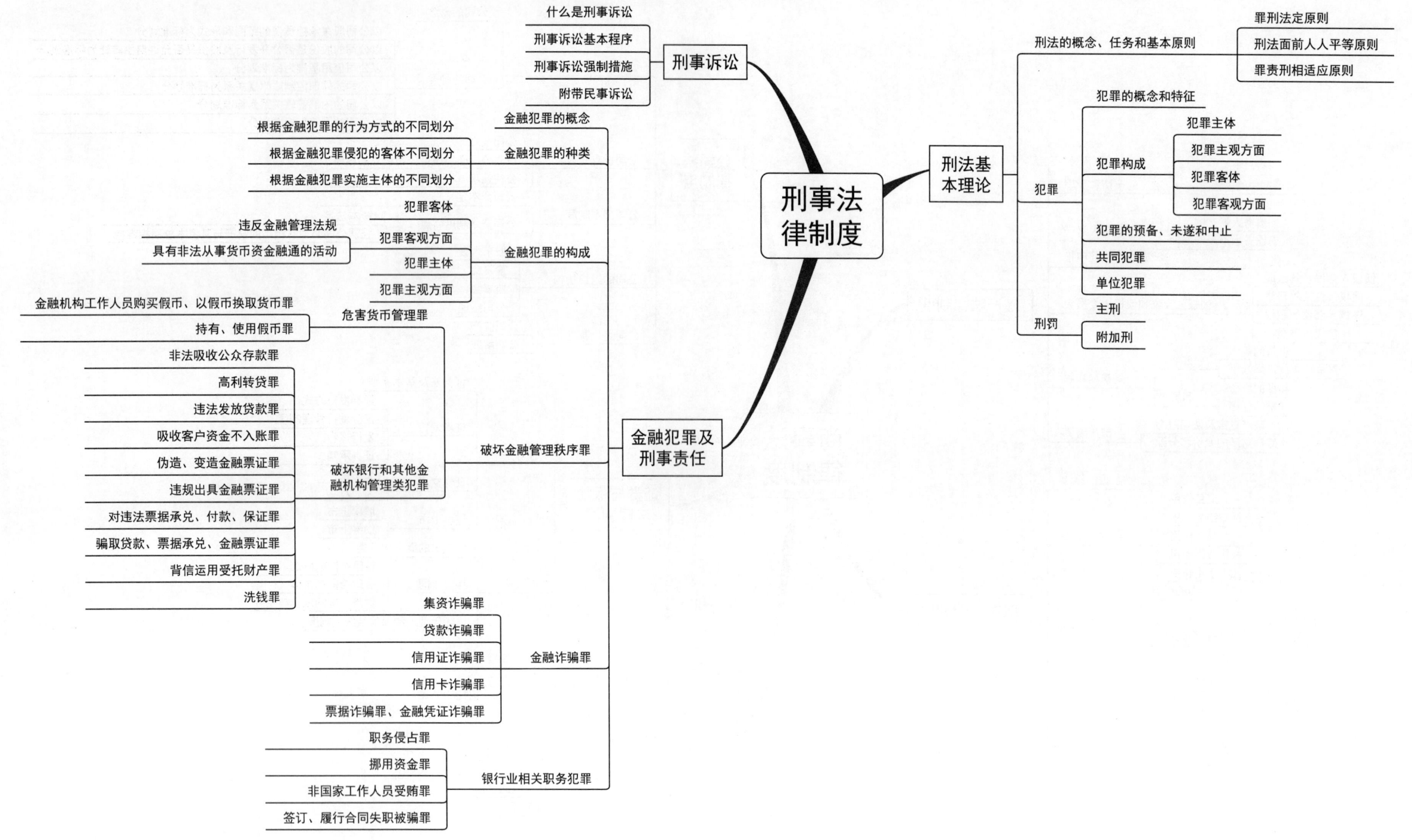

第十九章 行政法律制度

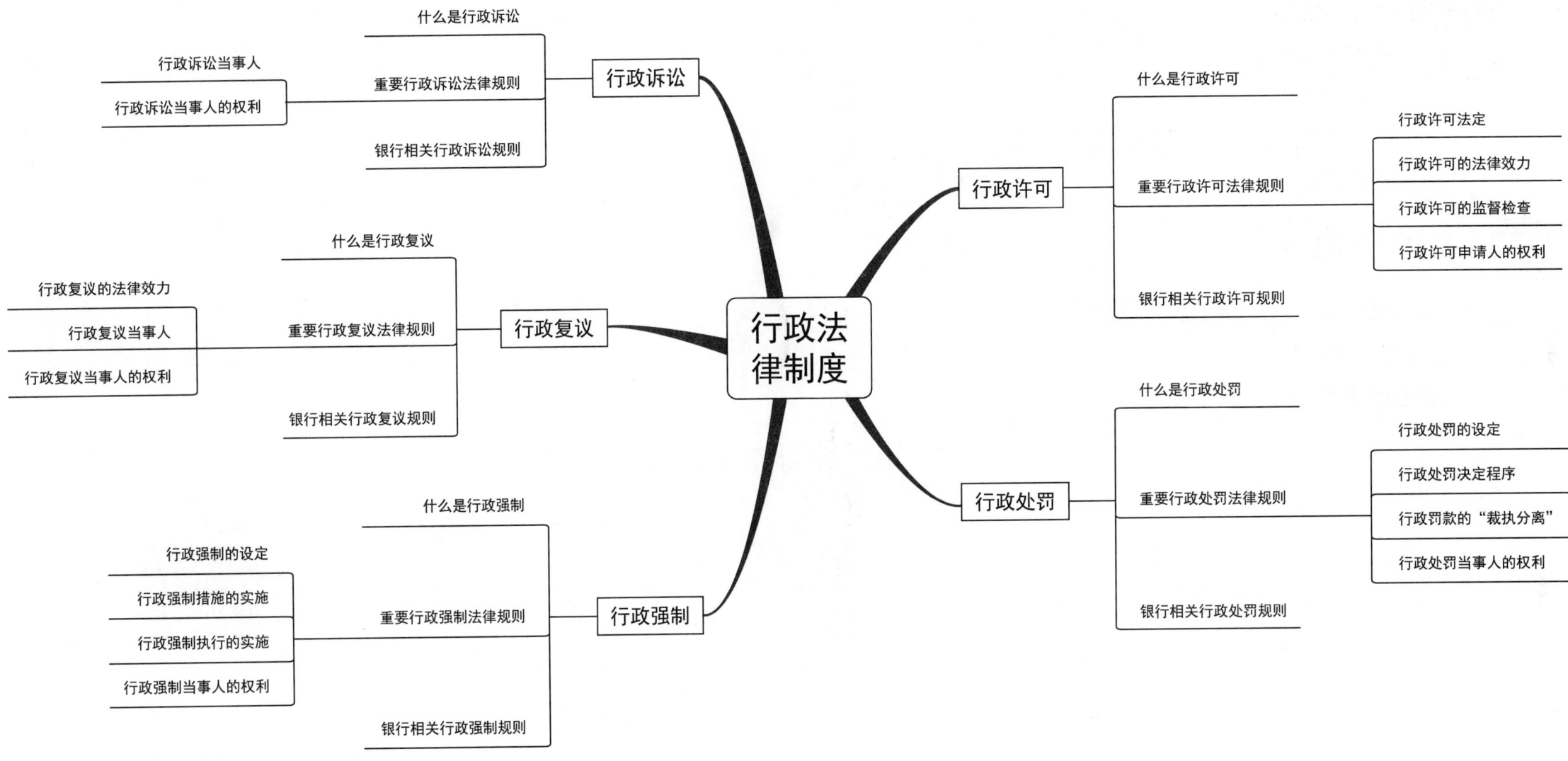

第二十章 银行监管体制

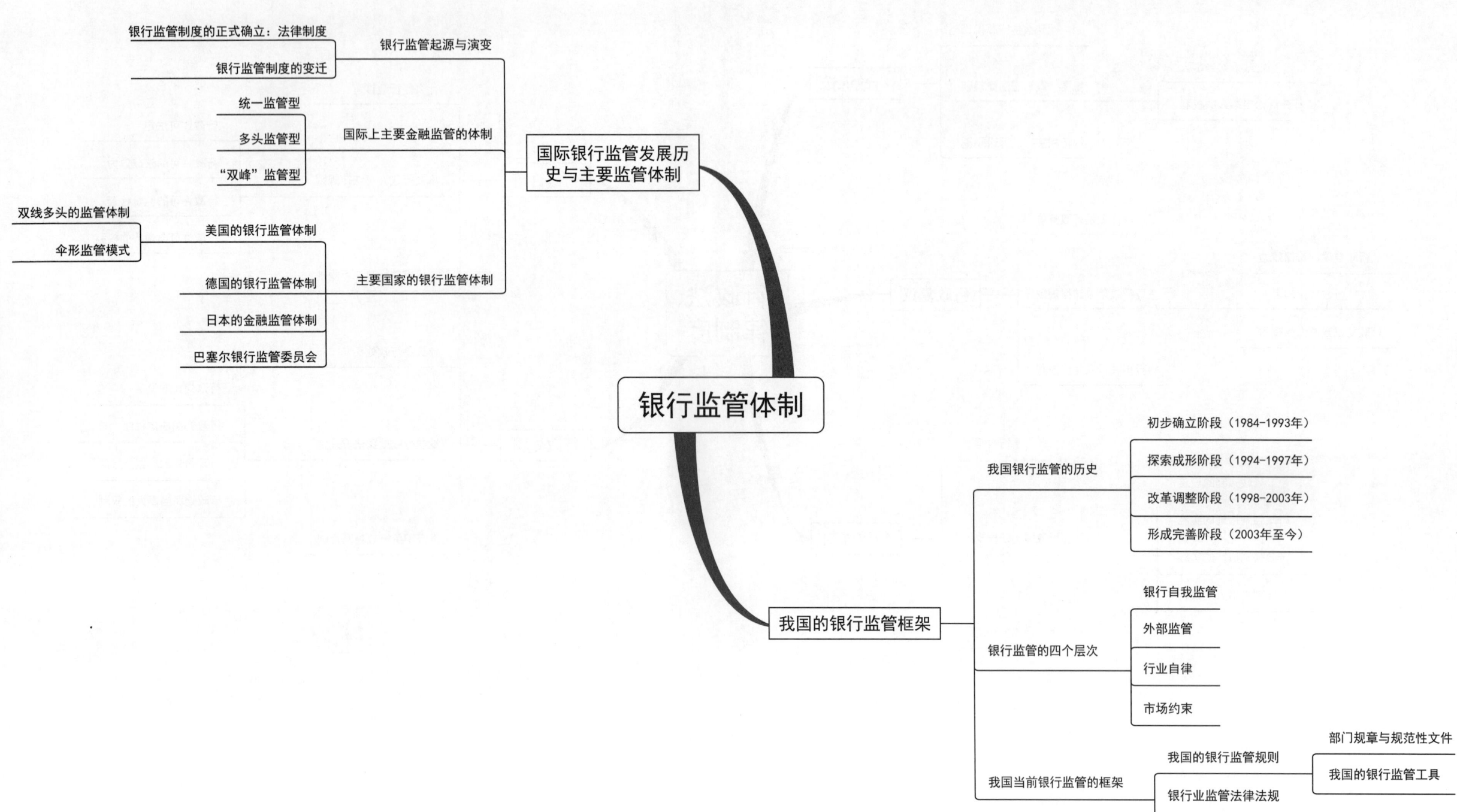

第二十一章 银行监管目标、方法

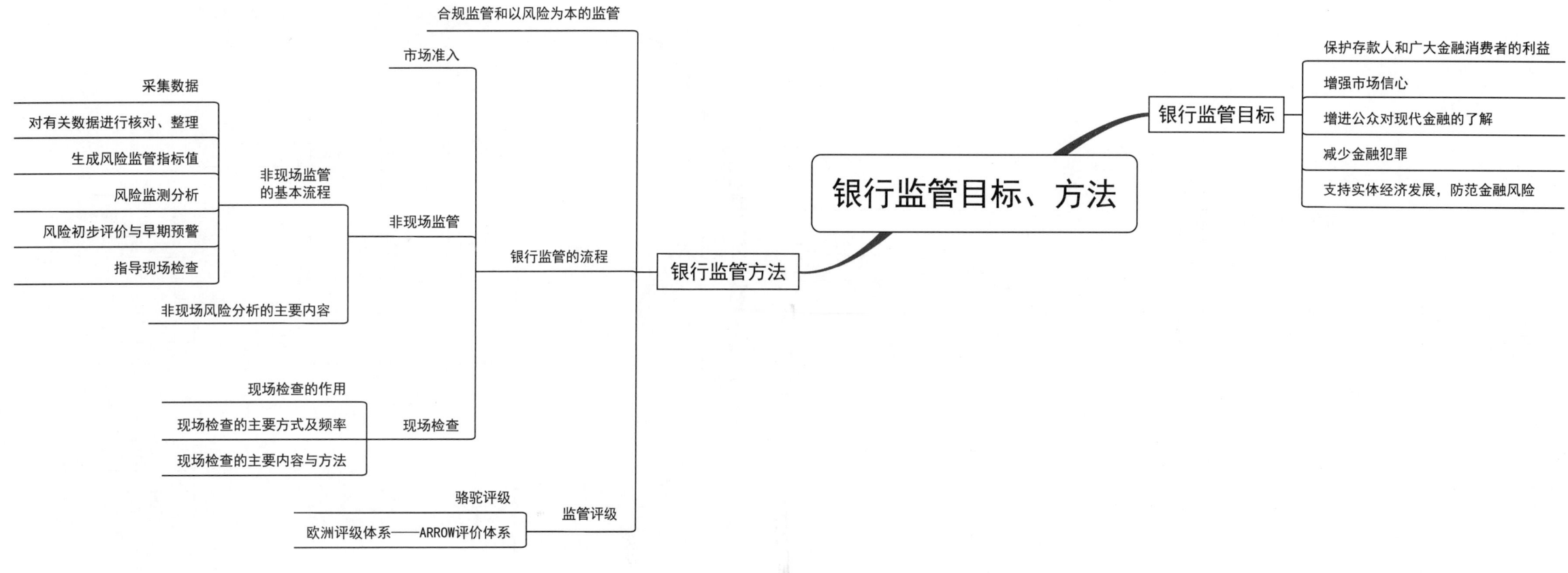

第二十二章 银行自律与市场约束

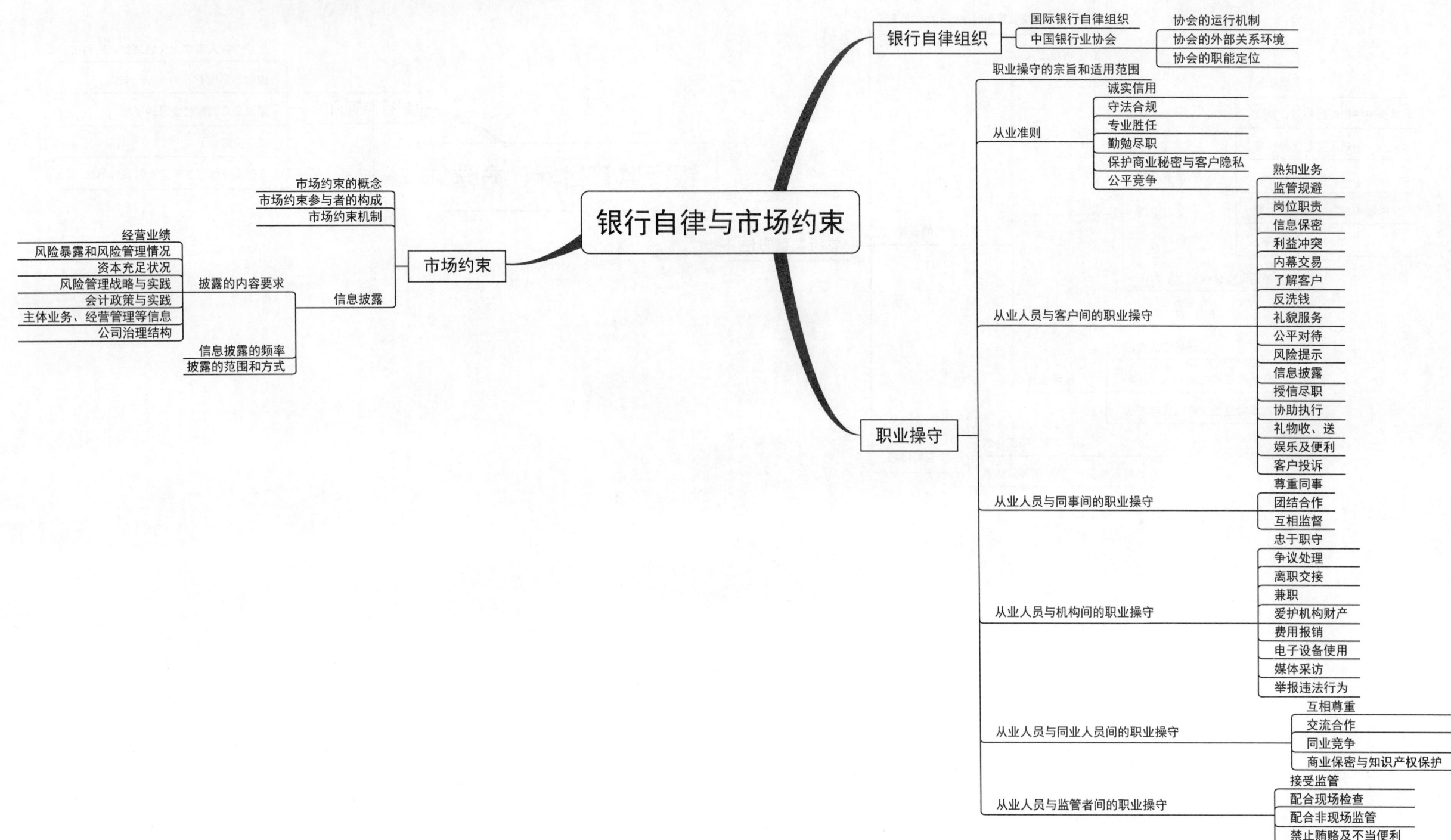

热题库使用说明

热题库设计模型：

欢迎大家使用热题库学习软件，这套软件是全国资格认证考试热题库编委会通过十余年的知识沉淀与经验积累而总结出的一套适用万千考生的学习方法。热题库中的考点和试题均由资深专业教师依据最新考试大纲要求进行编写，同时融入了历年考试真题，在保证试题质量及时效性的基础上，通过经典有效的考点挂习题形式对考点知识进行全方位覆盖，帮助考生逐一击破考试重点、难点及易错点，也因此被众多考生喻为"考试神器"。

- ✓ **新题练习**：以最新大纲要求为主线，为考生提供最新最全的应试题目。
- ✓ **热题研习**：通过对错比率来划分热度，热度越高，题目越精。
- ✓ **熟题重温**：重温做过的题目，加深对知识点的理解与应用。
- ✓ **错题重做**：对做错的题目重新作答，找到薄弱环节，逐个击破。
- ✓ **机编模拟**：按命题思路进行组卷，通过自测，把握考试重点，主攻薄弱环节。
- ✓ **典型试卷**：全国资格认证考试热题库编委会精心编排，囊括重点难点，保质保量。

纺织社热题库

1. 主页面
热题库主页面上部分为考试科目名称、考生信息及考生学习情况，具体包括：考生头像、微信昵称、积分、新题总数、错题总数、熟题总数、勤奋/排名。
热题库主页面下部分为六大经典模块，分别是：新题练习、热题研习、熟题重温、错题重做、机编模拟、典型试卷，新题练习、熟题重温、机编模拟为免费模块，热题研习、错题重做、典型试卷为收费模块。

- **积分**：用你的积分可换取试题提问机会。
- **错题**：警告你，你已经做错这些数量的试题。
- **新题**：提醒你，你还有多少道试题未做。
- **熟题**：恭喜你，你成功答对这些数量的试题。
- **头像**：点击头像，进入个人中心，查看你的资考信息。
- **勤奋/排名**：查看你在热题库中的江湖排名。

2. 新题中的题目按章节分类，点击章进入节列表，点击节进入考点列表，点击考点进入考点学习，此模块考生可免费使用；
考点中记录详细考点内容及解析，同时记录考点学习人数，点击章、节、考点右侧按钮直接进入答题页面；
考生选择选项后点击"上一题"、"下一题"默认提交答案；点击"查看答案"选项后，将不可再次更改答案；没有选择答案却点击"查看答案"选项后，本题按做错处理；
点击查看答案后，详细展示本题正确答案，正确率，考生选择，易错选项，被答次数。

3.
- **考点**：点击考点进入考点详情页面进行学习，并记录考点学习人数。
- **我要提问**：考生在答题过程中遇到疑难问题可以使用"我要提问"进行悬赏积分提问。
- **反馈**：考生对有疑问的题目进行错误反馈，老师会在第一时间对题目进行校验。
- **笔记**：在学习过程中记录重点题目，方便日后学习。

4. 熟题重温
在其他模块中做对的题目都会进入"熟题重温"中，帮助考生分出已经掌握的题目，节省复习时间。

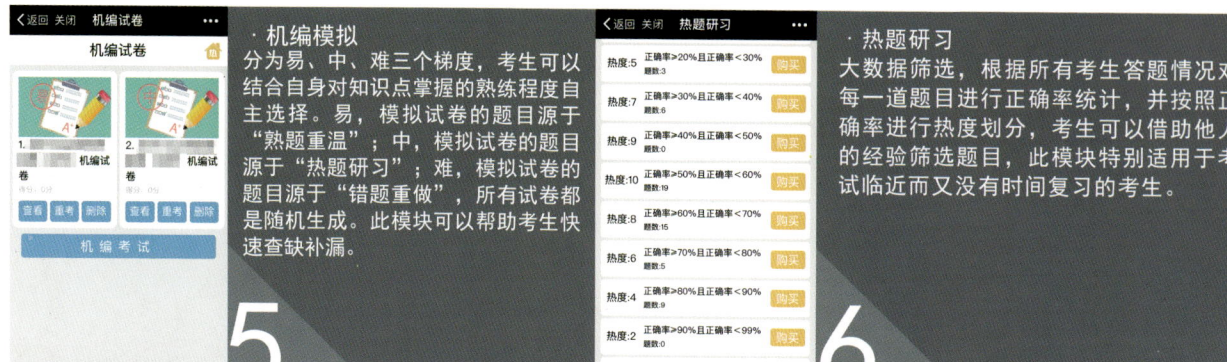

5. 机编模拟
分为易、中、难三个梯度，考生可以结合自身对知识点掌握的熟练程度自主选择。易，模拟试卷的题目源于"熟题重温"；中，模拟试卷的题目源于"热题研习"；难，模拟试卷的题目源于"错题重做"，所有试卷都是随机生成。此模块可以帮助考生快速查缺补漏。

6. 热题研习
大数据筛选，根据所有考生答题情况对每一道题目进行正确率统计，并按照正确率进行热度划分，考生可以借助他人的经验筛选题目，此模块特别适用于考试临近而又没有时间复习的考生。

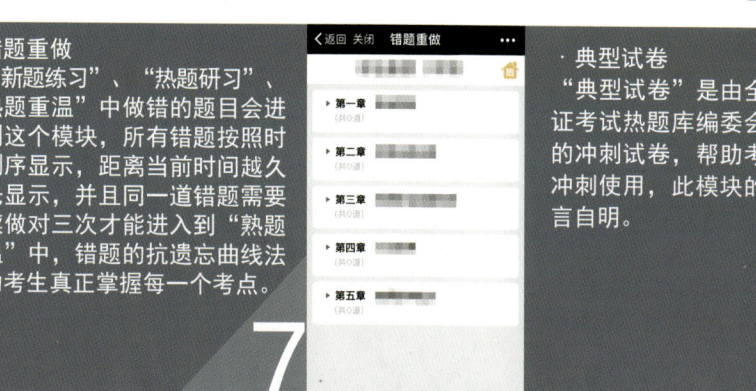

7. 错题重做
在"新题练习"、"热题研习"、"熟题重温"中做错的题目会进入到这个模块，所有错题按照时间倒序显示，距离当前时间越久越先显示，并且同一道错题需要连续做对三次才能进入到"熟题重温"中，错题的抗遗忘曲线法帮助考生真正掌握每一个考点。

8. 典型试卷
"典型试卷"是由全国资格认证考试热题库编委会精心编写的冲刺试卷，帮助考生在考前冲刺使用，此模块的重要性不言自明。

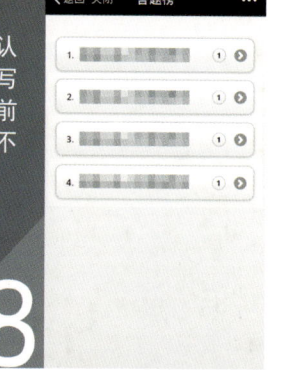

9. 个人中心
点击头像进入个人中心，在个人中心详细展示考生复习情况，根据考生学习进度及学习成果生成评估报告，并且可以根据做题及正确率进行平台排名，促进考生学习欲望。日志、排行榜、复习进度、评估报告从不同角度记录考生学习进度，帮助考生直观地了解复习情况。对于有疑问的问题和重点问题可以选择笔记记录或者使用积分悬赏进行提问；有能力的考生也可以对其他考生的提问进行解答，赚取积分的同时增强考生之间的互动性。

10. 功能
- **日志**：记录考生每天的复习情况、做题总数、错题总数、正确率，方便考生安排复习计划。
- **排行榜**：对所有参加考试的考生答题情况进行排名，知己知彼百战不殆。
- **复习进度**：把每科考试按照章节划分查漏补缺，哪里没学学哪里。
- **评估报告**：根据考生做题情况进行图表展示，让考生更直观地了解复习情况。
- **笔记题目**：重点难点问题反复学习，记录上次学习知识盲点，温故而知新。
- **我的提问**：考生对有疑问的问题进行提问，快速找到解决和学习办法。
- **我的回答**：考生之间的互动，帮助别人的同时加深自己对知识点的理解，同时赚取积分。
- **已购买的热题**：热题快速进入渠道，直接答题告别繁琐。
- **已购买的错题**：错题快速进入渠道，直接答题告别繁琐。
- **已购买的典型试卷**：典型试卷快速进入渠道，直接答题告别繁琐。

全国银行业专业人员职业资格考试热题库

《银行业法律法规与综合能力（中级）》模拟试卷（一）

一、单项选择题（共90题，每小题0.5分，共45分。以下各小题所给出的四个选项中，只有一项符合题目要求，请选择相应选项，不选、错选均不得分）

1. 国际收支平衡是宏观经济发展的（   ）目标之一。
   A. 长期   B. 具体   C. 国际   D. 总体
2. 衡量通货膨胀时，使用最多、最普遍的物价指数是（   ）。
   A. 生产者物价指数   B. 消费者物价指数
   C. 零售物价指数   D. 国民生产总值物价平均指数
3. 银行属于我国的第（   ）产业。
   A. 综合产业   B. 第一产业   C. 第二产业   D. 第三产业
4. 在我国货币政策间接传导过程中，运用货币政策工具首先影响到的是货币政策的（   ）。
   A. 操作目标   B. 中介目标   C. 增长目标   D. 最终目标
5. 下列货币供应量统计指标中，通常能反映潜在购买力的指标是（   ）。
   A. M_0 B. M_1 C. M_2 D. M_2与M_1之差
6. 假定金融机构的法定准备金率为20%，超额准备金率为2%，现金漏损率为3%，不考虑定期存款的存款准备金率，则存款乘数为（   ）。
   A. 4.00   B. 4.12   C. 5.00   D. 10.00
7. 成本推动型通货膨胀理论是从（   ）方面来分析通货膨胀成因的。
   A. 需求   B. 供给   C. 结构   D. 预期
8. 如果其他情况不变，中央银行提高商业银行法定存款准备金率会导致（   ）。
   A. 外汇储备减少   B. 外汇储备增加
   C. 货币供应量减少   D. 货币供应量增加
9. 由中国境内注册的公司发行、直接在美国纽约上市的股票是（   ）。
   A. A股   B. B股   C. H股   D. N股
10. 对已发行的证券进行买卖、转让的市场称为（   ）。
    A. 一级市场   B. 初级市场   C. 证券流通市场   D. 证券发行市场
11. 金融工具的风险来源之一是（   ）。
    A. 信用风险   B. 操作风险   C. 经营风险   D. 逆选择风险
12. 票据市场是以票据作为工具，通过（   ）进行融资活动的货币市场。
    A. 汇兑和贴现   B. 托收承付和汇兑

C. 信用卡和银行本票　　　　　　　　D. 票据的发行、担保、承兑和贴现

13. 在我国股票市场上发行交易的 A 股股票的计价货币是（　　）。
    A. 人民币　　　B. 港币　　　C. 美元　　　D. 欧元

14. 国家赋予拟定外汇市场的管理办法，监督管理外汇市场的运作秩序，培育和发展外汇市场职责的金融监管机构是（　　）。
    A. 中国人民银行　　B. 中国银监会　　C. 中国证监会　　D. 国家外汇管理局

15. 根据《银行间债券市场非商业银行债务融资工具管理办法》，企业发行短期融资券应在（　　）登记、托管、结算。
    A. 上海证券交易所　　　　　　　　B. 深圳证券交易所
    C. 中央结算公司　　　　　　　　　D. 中国银行间市场交易商协会

16. （　　）是银行的"最后贷款人"。
    A. 银监会　　　B. 中央银行　　　C. 政策性银行　　　D. 资产管理公司

17. 最后贷款人制度的主要目标是防范（　　），属于全局性目标，提供的是一种紧急资金援助或者支持，这种援助或支持不是政府为银行危机买单，而是体现为政府作为行政力量在市场经济中的一种宏观调控作用，而作用方式则具有救助性。
    A. 信用风险　　B. 市场风险　　C. 非系统风险　　D. 系统性金融风险

18. 下列关于我国金融资产管理公司的说法，错误的是（　　）。
    A. 我国四家金融资产管理公司已转型为商业性机构
    B. 成立初衷是处置国有银行业不良资产
    C. 我国四家金融资产管理公司形成了以资产管理业务为主、投资银行和其他金融业务并举的业务格局
    D. 1999 年我国成立的四家金融资产管理公司分别是信达资产管理公司、长城资产管理公司、东方资产管理公司和华融资产管理公司

19. 构成金融安全网的三大支柱不包括（　　）。
    A. 业务层层审批　　　　　　　　　B. 存款保险制度
    C. 最后贷款人制度　　　　　　　　D. 金融监管机构的审慎监管

20. 下列关于企业集团财务公司的表述，正确的是（　　）。
    A. 服务对象可以是非企业集团成员
    B. 不属于企业集团内部的金融机构
    C. 可以从集团外吸收存款，为非成员单位提供服务
    D. 以加强企业集团资金集中管理和提高企业集团资金使用效率为目的

21. 下列银行中，（　　）是对国家基础设施、基础产业、支柱产业和高新技术等领域发放贷款的政策性银行。
    A. 国家开发银行　　　　　　　　　B. 中国进出口银行
    C. 中国农业银行　　　　　　　　　D. 中国农业发展银行

22. 下列关于中央银行说法错误的是（　　）。
    A. 中央银行对法定货币发行权的垄断，决定了最后贷款人功能应该也必须由中行银行来承担

B. 中央银行拥有在贴现、公开市场业务等货币政策工具，能够在流动性缺乏时通过不同的操作方式给予支持

C. 中央银行的营利性和独立性确保了最后贷款人负担的是宏观经济责任而不是微观经济责任

D. 作为银行的银行，中央银行更加易于通过组织其他银行给那些处于困难之中的银行提供协调贷款等方式给予流动性支持

23. 存款业务是属于商业银行的（　　）。
    A. 中间业务　　B. 负债业务　　C. 资产业务　　D. 其他业务

24. 根据中国人民银行发布的《个人外汇管理办法》，可以通过外汇储蓄账户办理的业务是（　　）。
    A. 转账　　　　　　　　　　B. 贷款
    C. 存入外汇　　　　　　　　D. 直接存入任何一种可自由兑换的外币

25. 目前，我国银行存款中，采用复利计算利息的是（　　）。
    A. 一年期的定期存款　　　　B. 五年期的定期存款
    C. 三年期教育储蓄存款　　　D. 个人活期存款

26. 企业因办理日常转账结算和现金收付需要开立的银行结算账户是（　　）。
    A. 基本存款账户　　　　　　B. 一般存款账户
    C. 临时存款账户　　　　　　D. 专用存款账户

27. 单位活期存款账户中的一般存款账户不得办理（　　）。
    A. 现金缴存　　B. 现金支取　　C. 转账结算　　D. 借款相关的业务

28. 各金融机构参与同业拆借市场的主要目的是（　　）。
    A. 调剂短期资金余缺　　　　B. 降低风险
    C. 增加收入　　　　　　　　D. 增加流动性

29. 我国商业银行最主要的资产是（　　）。
    A. 现金资产　　B. 固定资产　　C. 贷款资产　　D. 证券资产

30. 在我国，公司债的监督管理主体是（　　）。
    A. 国家发展与改革委员会　　B. 中国人民银行
    C. 中国银行业监督管理委员会　D. 中国证券监督管理委员会

31. 下列不属于商业银行现金资产的是（　　）。
    A. 库存现金　　　　　　　　B. 存放同业款项
    C. 托收中的款项　　　　　　D. 在央行的超额准备金存款

32. 商业汇票的持票人在汇票到期日前为了取得资金，在给付一定利息后将票据权利转让给商业银行的票据行为是（　　）。
    A. 贴现　　　　B. 再贴现　　　C. 转贴现　　　D. 背书

33. （　　）是指交易双方约定在未来的一定期限内，根据约定数量的同种货币的名义本金交换利息额的金融合约。
    A. 远期外汇交易　B. 即期外汇交易　C. 利率互换　　D. 货币互换

34. 从业务运作的实质来看，福费廷是（　　）。

A. 银行保函　　　B. 保付代理　　　C. 质押贷款　　　D. 远期票据贴现

35. 在银团的主要成员中，专门负责协调贷款及还款支付管理等工作的成员是（　　）。
    A. 牵头行　　　B. 安排行　　　C. 代理行　　　D. 参加行

36. 银行为满足客户保值或自身风险管理等方面的需要，利用各种金融工具进行的资金交易活动属于（　　）业务。
    A. 清算　　　B. 交易　　　C. 代理　　　D. 支付结算

37. 银行以年贴现率10%为顾客的一张面额为5000元、72天后才到期的票据办理贴现，贴现付款额应为（　　）元。
    A. 4900　　　B. 4890　　　C. 4980　　　D. 5000

38. 下列各类支票中，既可以支取现金也可以转账的是（　　）。
    A. 普通支票　　　B. 转账支票　　　C. 现金支票　　　D. 划线支票

39. 下列属于商业银行托管业务品种的是（　　）。
    A. 代理证券业务　　B. 个人理财业务　　C. 票据发行便利　　D. 代保管业务

40. 票据的出票日期为2009年3月12日，下列选项中将出票日期填写正确的是（　　）。
    A. 二〇〇九年三月十二日　　　　B. 贰零零玖年叁月拾贰日
    C. 贰零零玖年叁月壹拾贰日　　　D. 2009年3月12日

41. 下列选项中不属于代理银行业务的是（　　）。
    A. 代理保险业务　　　　　　B. 代理政策性银行业务
    C. 代理商业银行业务　　　　D. 代理中央银行业务

42. 仅附金融单据，不附带发票、运输单据的托收方式为（　　）。
    A. 跟单托收　　　B. 光票托收　　　C. 出口托收　　　D. 进口托收

43. 商业银行办理结算和支付中用以清讫双边或多边债权的过程是（　　）。
    A. 负债　　　B. 结算　　　C. 清算　　　D. 交易

44. 下面关于托收的业务流程正确的顺序应为（　　）。
    ①发货；②寄单；③委托；④提示；⑤代收行付款；⑥托收行付款；⑦进口商付款。
    A. ①④③②⑤⑦⑥　　　　B. ①③②④⑦⑤⑥
    C. ①②③④⑤⑦⑥　　　　D. ①②③④⑦⑥⑤

45. 下列关于理财业务管理说法不正确的是（　　）。
    A. 主要监管指标符合监管要求
    B. 有符合相应资质且具有丰富从业经验的从业人员和专家团队
    C. 具体良好的信息记数系统，能够支持事业部的规范运营与银行理财产品的单独核算
    D. 制定了理财业务风险监测指标合风险限额，但单独的会计核算和内部线条控制体系尚未完善

46. 商业银行按照约定条件向客户保证本金支付，本金以外的投资风险由客户承担，并依据实际投资收益情况确定客户实际收益的理财计划是（　　）。

A. 保证收益理财计划　　　　　　　　B. 固定收益理财计划
C. 保本浮动收益理财计划　　　　　　D. 非保本浮动收益理财计划

47. （　　）是指本行理财产品之间不得相互交易，不得相互调节收益。
    A. 理财业务与信贷业务相分离
    B. 自营业务与代客业务相分离
    C. 银行理财产品之间相分离
    D. 理财业务操作与银行其他业务操作相分离

48. 为了确保银行客户和其他市场参与者充分了解银行创新所隐含的风险，银行必须对创新过程中不涉及商业秘密、不影响知识产权的部分予以充分披露，这属于银行金融创新需要遵循的（　　）原则。
    A. 风险可控　　B. 成本可算　　C. 信息充分披露　　D. 知识产权保护

49. 商业银行下列金融创新行为中，符合客户利益保护原则的是（　　）。
    A. 损害客户利益不会损害银行自身的利益
    B. 不得通过低价倾销排挤竞争对手
    C. 银行开展创新业务时，不必严格区分银行资产和客户资产
    D. 在业务创新过程中，银行要识别并妥善处理金融创新引发的各类利益冲突，公平地处理银行与客户之间、银行与第三方服务提供者之间的利益冲突

50. 分散投资者风险的票据发行便利属于（　　）。
    A. 风险转移型创新　　　　　　　　B. 信用创造型创新
    C. 股权创造型创新　　　　　　　　D. 增强流动性创新

51. ＿＿＿＿负责监管互联网支付业务，＿＿＿＿负责监管网络借贷业务、互联网信托业务和互联网消费金融业务。（　　）
    A. 银监会；中国人民银行　　　　　B. 银监会；证监会
    C. 中国人民银行；银监会　　　　　D. 中国人民银行；证监会

52. 互联网消费金融业务由（　　）负责监管。
    A. 人民银行　　B. 银监会　　C. 保监会　　D. 证监会

53. 建立垂直化的组织运作机制中，垂直管理路线应为（　　）。
    A. 董事会风险执行委员会→总行风险管理委员会→总行风险管理部→分行风险管理委员会→基层行风险管理部
    B. 总行风险管理委员会→董事会风险执行委员会→总行风险管理部→分行风险管理部→基层行风险管理部
    C. 董事会风险执行委员会→总行风险管理委员会→总行风险管理部→分行风险管理部→基层行风险管理部
    D. 董事会风险执行委员会→总行风险管理部→总行风险管理委员会→分行风险管理部→基层行风险管理部

54. 某公司2016年度中旬公布了其财务数据，已知公司股票价格为28元/股，上年度每股收益为1.4元，未来年度每股收益预计为1.8元，则该公司的静态市盈率为（　　）。

A. 14　　　　　　B. 15　　　　　　C. 20　　　　　　D. 22

55. 我国信用风险监测指标中的单一集团客户授信集中度一般不应高于（　　）。
　　A. 15%　　　　　B. 20%　　　　　C. 30%　　　　　D. 50%

56. 从企业法人角度来看，我国商业银行组织架构的主流形式是（　　）。
　　A. 多法人制组织架构
　　B. 统一法人制组织架构
　　C. 以业务线为主的事业部制组织构架
　　D. 以区域管理为主的总分行型组织架构

57. 在商业银行公司治理中，负责具体执行董事会决策的是（　　）。
　　A. 董事　　　　　B. 董事会秘书　　　C. 董事会办公室　　D. 高级管理层

58. （　　）对股东大会负责，承担商业银行经营和管理的最终责任。
　　A. 监事会　　　　B. 董事会　　　　　C. 股东大会　　　　D. 高级管理层

59. 有效风险管理要求银行内部就风险进行积极的内部沟通，不包括（　　）。
　　A. 召开股东大会　　　　　　　　　　B. 向董事会的报告
　　C. 向高管层的报告　　　　　　　　　D. 组织机构间的沟通

60. 商业银行的基本薪酬一般不高于其薪酬总额的（　　）。
　　A. 15%　　　　　B. 30%　　　　　C. 35%　　　　　D. 50%

61. （　　）是商业银行资产增长的边界之一，也是最主要的制约因素。
　　A. 资产　　　　　B. 资本　　　　　C. 负债限额　　　　D. 贷款限额

62. 在商业银行资产负债管理方法中，（　　）管理又称为利率敏感性缺口管理法。
　　A. 缺口　　　　　B. 久期　　　　　C. 情景模拟　　　　D. 敞口限额

63. 利用内部资金转移定价（FTP）核算资金收益或成本时，对负债而言是_____，对资产而言是_____。（　　）
　　A. 收益；成本　　B. 成本；收益　　C. 成本；成本　　　D. 收益；收益

64. （　　）表示期限相对较短的债券，利率与期限呈正向相关，期限较长的债券，利率与期限呈反向相关。
　　A. 水平收益率曲线　　　　　　　　　B. 驼峰收益率曲线
　　C. 正向收益率曲线　　　　　　　　　D. 反转收益率曲线

65. 我国商业银行的核心一级资本不包括（　　）。
　　A. 实收资本　　　B. 盈余公积　　　C. 次级债券　　　　D. 一般风险准备

66. 商业银行资本中最稳定、质量最高的部分是（　　）。
　　A. 核心资本　　　B. 附属资本　　　C. 扣除项　　　　　D. 优先股

67. 计量信用风险经济资本过程中，银行需要考虑的因素不包括（　　）。
　　A. 置信度　　　　B. 相关性　　　　C. 经济增加值　　　D. 违约风险暴露

68. 通过（　　）的分配模式，可有效贯彻银行的战略意图和管理思想，使整个银行业务发展和承担的风险总体可控。
　　A. 随机分配　　　B. 平均分配　　　C. 自下而上　　　　D. 自上而下

69. 在银行风险管理流程中，风险控制是指对经过识别和计量的风险采取（　　）等措施，进行有效管理和控制的过程。
   A. 分散、对冲、转移、规避和补偿   B. 分散、担保、抵押、定价和缓释
   C. 监测、对冲、转移、规避和补充   D. 监测、分散、转移、规避和补偿

70. 下列不属于市场风险计量方法的是（   ）。
    A. 外汇敞口分析   B. 敏感性分析   C. 最小二乘法   D. 压力测试

71. 商业银行采用标准法，应当以各业务条线的（   ）为基础计量操作风险资本要求。
    A. 总收入   B. 净收入   C. 平均收入   D. 预期收入

72. 以下哪项是国务院金融监督管理机构的反洗钱职责（   ）。
    A. 组织协调全国的反洗钱工作，负债反洗钱资金监测
    B. 监督、检查金融机构履行反洗钱义务的情况
    C. 对所监督管理的金融机构提出按照规定建立健全反洗钱内部控制制度的要求
    D. 根据国务院授权，代表中国政府与外国政府和有关国际组织开展反洗钱合作

73. 洗钱的阶段不包括（   ）。
    A. 处置阶段   B. 培植阶段   C. 融合阶段   D. 洗白阶段

74. 某公司以所持的另一家上市公司股份做质押向银行借款，则该质押权设立的时间是（   ）。
    A. 质押合同鉴定日   B. 借款合同签订日
    C. 权利凭证交付日   D. 证券登记结算机构办理出质登记时

75. 借款人到期不归还担保贷款的，商业银行依法享有的权利不包括（   ）。
    A. 拍卖该担保物   B. 该担保物优先受偿
    C. 要求保证人归还贷款利息   D. 要求保证人归还贷款本金

76. 甲乙之间有一债权债务关系，乙欠甲5万元钱到期未还，乙拒绝偿还。现甲得知丙欠乙5万元钱，也已到期，对此甲可以行使（   ）。
    A. 不安抗辩权   B. 同时履行抗辩权
    C. 撤销权   D. 代位权

77. 下列关于抵销的说法，不正确的是（   ）。
    A. 抵销可以附条件或者附期限
    B. 抵销分为法定抵销与约定抵销
    C. 抵销具有简化交易程序，降低交易成本，提高交易安全性的作用
    D. 当事人互负债务，标的物种类、品质不相同的，经双方协商一致，也可以抵销

78. 根据《中华人民共和国票据法》，下列关于票据的表述错误的是（   ）。
    A. 票据是一种有价证券
    B. 票据都有三方基本当事人
    C. 票据是无条件支付或无条件委托支付一定金额的凭证
    D. 付款人是指在票据上签名并发出票据的人，或者说是签发票据的人

79. 债权人在破产申请受理前对债务人负有债务的，可以向管理人主张（   ）
    A. 解除   B. 撤销   C. 抵消   D. 赔付

80. 法定的公司成立日期是（   ）。
    A. 公司开业的日期　　　　　　　　B. 公司营业执照签发日期
    C. 公司申请设立登记的日期　　　　D. 公司申请营业执照的日期
81. 刑法所保护而为犯罪所侵犯的社会主义社会关系是（   ）。
    A. 犯罪主体　　B. 犯罪客体　　C. 犯罪主观方面　　D. 犯罪客观方面
82. 下列处罚措施属于行政处罚的是（   ）。
    A. 责令限期治理　　B. 责令停产停业　　C. 责令赔偿损失　　D. 责令退还土地
83. 在行政处罚听证程序中，当事人要求听证的，应当在行政机关告知有要求举行听证的权利后（   ）内提出。
    A. 3 日　　　　　B. 5 日　　　　　C. 7 日　　　　　D. 10 日
84. 行政复议作为一项重要的法律制度，是（   ）。
    A. 行政机关解决行政纠纷的活动　　B. 行政机关解决民事纠纷的活动
    C. 行政仲裁机关解决纠纷的活动　　D. 人民法院解决行政纠纷的活动
85. 公民对银监会派出机构作出的具体行政行为不服申请行政复议的，则该行政复议的被申请人是（   ）。
    A. 银监会　　　　　　　　　　　　B. 银监局
    C. 银监会派出机构　　　　　　　　D. 中国人民银行
86. （   ），旨在规范行政强制的设定和实施，保障和监督行政机关依法履行职责，维护公共利益和社会秩序，保护公民、法人和其他组织的合法权益。
    A. 《行政复议法》　　　　　　　　B. 《行政处罚法》
    C. 《行政许可法》　　　　　　　　D. 《行政强制法》
87. 以下关于生息资产说法不正确的是（   ）。
    A. 生息资产是贷款及投资资产、存放央行贷款、存放拆放同业款项等指标的总称
    B. 生息资产的金额是衡量银行规模的重要综合性指标之一，也是考查银行盈利性的一个指标
    C. 生息资产占比 =（生息资产平均余额/资产总额）×100%
    D. 在大致相同的利率环境下，不同的生息资产结构将导致资产平均收益水平的差异，这对了解银行的资金运用效率有一定参考意义
88. 以下不属于商业银行类型划分方式的是（   ）。
    A. 从企业法人角度划分　　　　　　B. 从内部管理模式划分
    C. 从会计角度划分　　　　　　　　D. 从盈利能力划分
89. 20 世纪 90 年代初，以客户为中心的（   ）基本形成，并在随后的时间里迅速发展，成为全球银行业组织构架的主流模式。
    A. 矩阵型组织构架　　　　　　　　B. 事业部型组织构架
    C. 总分行型组织构架　　　　　　　D. 统一法人制组织构架
90. 金融机构及其从业人员在参与市场竞争时，下列做法中符合职业操守要求的是（   ）。
    A. 低价销售

B. 夸张宣传
C. 贬低对手
D. 丰富金融服务的种类、提高质量及效率

二、多项选择题（共 40 题，每小题 1 分，共 40 分。以下各小题所给出的五个选项中，只有两项或两项以上符合题目要求，请选择相应选项，不选、错选均不得分）

1. 长期、巨额的国际收支顺差会导致（　　）。
   A. 本币的大幅贬值　　　　　　B. 资本的大量外流
   C. 大量的外汇储备闲置　　　　D. 国内通货膨胀压力增加
   E. 外汇市场对本币信心的丧失

2. 区域劳动人口应重点分析（　　）等问题。
   A. 人口数量　　　　　　　　　B. 人口素质
   C. 人口分布　　　　　　　　　D. 教育水平
   E. 区域的适度人口规模

3. 影响货币供给的主要因素有（　　）。
   A. 社会公众持有现金的愿望　　B. 社会各部门的现金需求
   C. 社会的信贷资金需求　　　　D. 货币流通速度
   E. 财政收支

4. 现代信用制度下，商业银行信用创造能力的决定因素有（　　）。
   A. 商品交易量　　　　　　　　B. 商品价格
   C. 基础货币　　　　　　　　　D. 货币价值
   E. 货币乘数

5. 下列中央银行的信贷调控手段中，属于减少流通中货币的有（　　）。
   A. 提高法定存款准备金率　　　B. 降低法定存款准备金率
   C. 买入有价证券　　　　　　　D. 卖出有价证券
   E. 提高再贴现率

6. 不同的货币政策传导机制理论有不同的货币政策传导渠道，目前货币政策的传导渠道有（　　）。
   A. 利率渠道　　　　　　　　　B. 信贷渠道
   C. 汇率渠道　　　　　　　　　D. 资产价格渠道
   E. 国际收支渠道

7. 下列属于我国的金融调控监管机构的有（　　）。
   A. 中央银行　　　　　　　　　B. 银行业公会
   C. 证券业监督管理委员会　　　D. 保险业监督管理委员会
   E. 银行业监督管理委员会

8. 对于金融市场，下列说法正确的有（　　）。
   A. 外汇市场由外汇需求者、外汇供给者、买卖中介机构等构成

B. 拆借市场可以解决借款者短期资金周转不足的需要

C. 票据市场是专门办理大额定期存单转让的市场

D. 黄金市场只进行金银交易

E. 保险市场是投保人与承保人进行保险业务交易的场所

9. 经中国银行业监督管理委员会批准，消费金融公司可经营的人民币业务包括（　　）。

　　A. 办理信贷资产转让　　　　　　　B. 办理个人耐用消费品贷款

　　C. 与消费金融相关的咨询业务　　　D. 与消费金融相关的代理业务

　　E. 境内同业拆借

10. 关于中央银行的产生，下列说法正确的有（　　）。

　　A. 是集中统一银行券发行的需要

　　B. 是统一票据交换及清算的需要

　　C. 是对金融业统一管理的需要

　　D. 是贯彻并配合政府社会经济政策或意图的需要

　　E. 是充当支付中介的需要

11. 下列关于最后贷款人制度的说法，不正确的有（　　）。

　　A. 中央银行是承担最后贷款人角色的主要机构

　　B. 中央银行可以通过公开市场业务履行最后贷款人职能

　　C. 中央银行可以通过再贴现窗口履行最后贷款人职能

　　D. 最后贷款人的主要目标是防范银行倒闭

　　E. 最后贷款人的援助对象是出现清偿力危机而资不抵债的金融机构

12. 保理业务是一项综合性金融服务，其具有的功能有（　　）。

　　A. 商业资信调查　　　　　　　　　B. 应付账款管理

　　C. 应收账款管理　　　　　　　　　D. 信用风险担保

　　E. 贸易融资

13. 商业银行债券投资的风险包括（　　）。

　　A. 流动性风险　　　　　　　　　　B. 价格风险

　　C. 购买力风险　　　　　　　　　　D. 政治风险

　　E. 操作风险

14. 即期外汇交易又称为现汇交易或外汇现货交易，是指在（　　）办理实际货币交割的外汇交易。

　　A. 成交当日　　　　　　　　　　　B. 交易日后的第2日

　　C. 交易日后的第2个营业日　　　　D. 交易日后3日内

　　E. 交易日后3个营业日内

15. 债券投资的收入一般通过债券的收益率进行衡量，通常用年率表示，包括（　　）。

　　A. 票面收益率　　　　　　　　　　B. 即期收益率

　　C. 持有期收益率　　　　　　　　　D. 到期收益率

　　E. 名义收益率

16. 下面属于金融期货的有（　　）。
    A. 外汇期货　　　　　　　　B. 债券期货
    C. 股指期货　　　　　　　　D. 原油期货
    E. 黄铜期货

17. 商业银行贷款业务根据有无担保可以分为（　　）。
    A. 个人贷款　　　　　　　　B. 公司贷款
    C. 流动资金贷款　　　　　　D. 担保贷款
    E. 信用贷款

18. 以下关于银行承兑汇票的说法，正确的有（　　）。
    A. 属于银行的表内资产业务
    B. 出票人为银行
    C. 以真实的商品交易为基础
    D. 在指定日期无条件支付确定的金额给收款人或持票人
    E. 商业汇票的真实交易关系和债权债务关系只需承兑行审核

19. 汇款的方式主要有（　　）。
    A. 电汇　　　　　　　　　　B. 票汇
    C. 信汇　　　　　　　　　　D. 信用证
    E. 电子汇兑

20. 目前国内商业银行资产托管业务的品种有（　　）。
    A. 证券投资基金托管　　　　B. 信托资产托管
    C. QFII 资产托管　　　　　 D. 保险资产托管
    E. 代保管业务

21. 汇票是委托付款人在见票时或者在指定日期无条件支付确定的金额给收款人或者持票人的票据，（　　）。
    A. 可以由企业签发　　　　　B. 不能由企业签发
    C. 可以由银行签发　　　　　D. 不能由银行签发
    E. 由出票人签发

22. 下列关于风险隔离说法正确的有（　　）。
    A. 理财业务与信贷等其他业务相分离
    B. 自营业务与代客业务相分离
    C. 银行理财产品之间相分离
    D. 银行理财产品与银行代销的第三方机构理财产品相分离
    E. 理财业务操作与银行其他业务操作相分离

23. 下列属于中观层面的金融创新的有（　　）。
    A. 银行技术创新　　　　　　B. 银行产品创新
    C. 银行制度创新　　　　　　D. 金融市场的创新
    E. 货币信用制度的改革

24. （　　）属于风险转移型创新。

A. 货币互换 B. 利率互换
C. 分散投资者风险的票据发行便利 D. 附有股权认购书的债券
E. 长期贷款的证券化

25. 下列关于商业银行金融创新的表述，正确的有（　　）。
    A. 从多方面开展的创新活动
    B. 为客户提供的服务方式的创造与更新
    C. 为客户提供的服务产品的创造与更新
    D. 商业银行为适应经济发展的要求而进行的
    E. 最终体现为银行风险管理能力的不断提高

26. 以业务线管理为主的事业部制组织架构中，事业部的功能有（　　）。
    A. 业务拓展 B. 业务管理
    C. 业务处理 D. 按业务线继续设立若干事业部
    E. 支配本业务线的所有人力、财力、物力资源

27. 商业银行合规的"规"是指适用于银行业经营活动的（　　）。
    A. 自律性组织的行业准则 B. 监管部门规章
    C. 法律、行政法规 D. 监管部门规范性文件
    E. 行为守则和职业操守

28. 每季度至少应当召开一次的会议有（　　）。
    A. 股东大会 B. 临时会议
    C. 监事会例会 D. 董事会例会
    E. 高级管理层例会

29. 在妥善处理利益冲突时，下列说法正确的有（　　）。
    A. 公平地处理银行与客户之间、银行与第三方服务提供者之间的利益冲突
    B. 要建立有效受理客户投诉以及建议的渠道，及时、高效地处理客户投诉
    C. 定期汇总分析客户投诉情况，向有关人员和部门定期报告客户投诉及处理情况
    D. 研究客户对金融创新的潜在需求和改进建议
    E. 不断提高金融创新的服务质量和服务水平

30. 下列关于缺口管理的说法，正确的有（　　）。
    A. 当预期利率会上升时，减小缺口
    B. 当预期利率会上升时，增加缺口
    C. 缺口是指固动利率资产和负债之间的差额
    D. 缺口是指浮动利率资产和负债之间的差额
    E. 当资产和负债中的某一项的利率为固定利率的时候，不需要进行缺口管理

31. 根据我国银监会2012年颁布的《商业银行资本管理办法（试行）》，我国商业银行监管资本包括（　　）。
    A. 其他一级资本 B. 核心一级资本
    C. 附属资本 D. 二级资本
    E. 补充资本

32. 商业银行提高资本充足率的方法有（　　）。
    A. 降低风险加权资产的总量　　　　B. 收购上市公司
    C. 多计提超额贷款损失准备　　　　D. 发行减记型资本债券
    E. 提高留存利润

33. 商业银行资本管理的内容包括（　　）。
    A. 开展资本规划、筹集、配置　　　B. 开展资本监控、评价和应用
    C. 建立资本管理框架及机制　　　　D. 制定资本规划及年度计划
    E. 实施资本分配和考核

34. 商业银行配置经济资本可采取（　　）的方法。
    A. 随机分配　　　　　　　　　　　B. 平均分配
    C. 自上而下　　　　　　　　　　　D. 自下而上
    E. 参照往年

35. 目前常用的风险价值模型技术有（　　）。
    A. 蒙特卡洛模拟法　　　　　　　　B. 最小二乘法
    C. 方差－协方差法　　　　　　　　D. 历史模拟法
    E. 敏感性分析法

36. 操作风险计量模型主要包括（　　）。
    A. 损失分布法　　　　　　　　　　B. 内部衡量法
    C. 打分卡法　　　　　　　　　　　D. 标准法
    E. 基本指标法

37. 下列可以成为借款人主体的有（　　）。
    A. 国家机关　　　　　　　　　　　B. 个体工商户
    C. 企业法人　　　　　　　　　　　D. 限制行为能力人
    E. 其他经济组织

38. 当出现（　　）情形时，信托无效。
    A. 信托财产不能确定
    B. 受益人或者受益人范围不能确定
    C. 专以诉讼或者讨债为目的设立信托
    D. 信托目的损害社会公共利益
    E. 委托人以非法财产设立信托

39. 下列行政行为中属于行政强制措施的有（　　）。
    A. 吊销执照　　　　　　　　　　　B. 行政拘留
    C. 查封场所　　　　　　　　　　　D. 冻结银行存款
    E. 限制公民人身自由

40. 根据信息披露的相关规定，金融机构应当披露的信息包括（　　）。
    A. 经营业绩　　　　　　　　　　　B. 风险暴露和风险管理状况
    C. 资本充足状况　　　　　　　　　D. 风险管理战略与实践
    E. 会计政策与实践

三、判断题（共 15 题，每小题 1 分，共 15 分。请判断以下各小题的对错，正确的用"A"表示，错误的用"B"表示。）

1. 完全竞争市场避免了信息不畅可能导致的一个市场同时按照不同的价格进行交易的情况。（　　）
2. 作为价值尺度，货币把一切商品的价值表现为同名的量，使商品在质的方面相同，在量的方面可以比较。所以货币充当价值尺度职能，必须是本身有价值的特殊商品。（　　）
3. 中国人民银行负责国际收支、对外债权债务的统计和监测，按规定发布相关信息，承担跨境资金流动监测的有关工作。（　　）
4. 国家开发银行正在向服从国家战略发展需要、以银行业务为主并争取在国际上发挥重大影响力的开发性金融集团发展。（　　）
5. 专用存款账户是指存款人对其临时用途的资金进行专项管理和使用而开立的银行结算账户。（　　）
6. 中央银行票据是一种重要的货币政策手段，其发行目的并不在于筹集资金。（　　）
7. 银行开立的信用证大多是可转让信用证。（　　）
8. 汇票分为商业承兑汇票和银行承兑汇票。（　　）
9. 收购兼并顾问是商业银行为客户收购、出售、分立、合并和资产换置等提供建议方案，并参与整个过程的策划和操作，以协助客户实现经营策略的调整。（　　）
10. 银行开展创新业务时，只要尽职尽责保护客户资产，就不需要界定和区分银行资产和客户资产。（　　）
11. 商业银行在金融创新中的审慎尽职原则要求银行真正将客户的利益放在首位，保证客户在购买金融创新产品时不遭受损失。（　　）
12. 中国人民银行和银监会同时拥有对银行业金融机构的检查监督权，并不会导致对银行业金融机构的双重检查和双重处罚。（　　）
13. 丧偶儿媳对公、婆，丧偶女婿对岳父、岳母，尽了主要赡养义务的，作为第一顺序继承人。（　　）
14. 对融机构的专项检查应至少一年或一年半进行一次。（　　）
15. 授信尽职要求银行业从业人员应当充分提示代理销售产品的信息，为客户在做出是否购买银行产品或服务的判断时提供依据。（　　）

模拟试卷（一）参考答案及解析

一、单项选择题

1.【答案】　D

【解析】宏观经济发展的总体目标一般包括四个，即经济增长、充分就业、物价稳定和国际收支平衡。这四大目标分别通过国内生产总值、失业率、通货膨胀率和国际收支等指标来衡量。

2.【答案】　B

【解析】常用来衡量通货膨胀的指标有三种：消费者物价指数、生产者物价指数、国内生产总值物价平减指数。其中，消费者物价指数使用得最多、最普遍。

3.【答案】 D

【解析】第一产业是指农、林、牧、渔业；第二产业是指采矿业，制造业，电力、燃气及水的生产和供应业，建筑业；第三产业是指除第一产业、第二产业以外的其他行业，具体包括：交通运输、仓储和邮政业，信息传输、计算机服务和软件业，批发和零售业，住宿和餐饮业，金融业，房地产业，租赁和商务服务业，科学研究、技术服务和地质勘察业，水利、环境和公共设施管理业，居民服务和其他服务业，教育，卫生、社会保障和社会福利业，文化、体育和娱乐业，公共管理和社会组织，国际组织。

4.【答案】 A

【解析】中央银行通过货币政策工具操作直接引起操作目标的变动，操作目标的变动又通过一定的途径传导到整个金融体系，引起中介目标的变化，进而影响宏观经济运行，实现货币政策最终目标。

5.【答案】 D

【解析】M_1被称为狭义货币，是现实购买力；M_2被称为广义货币；M_2与M_1之差被称为准货币，是潜在购买力，一般所说的货币供应量是指M_2。

6.【答案】 A

【解析】不考虑定期存款的存款准备金率，则存款乘数$K = \dfrac{1}{r+e+c}$，其中r代表法定准备金率，e代表超额准备金率，c代表现金漏损比率。题中，$r=20\%$，$e=2\%$，$c=3\%$，故存款乘数为$K = \dfrac{1}{20\%+2\%+3\%} = 4$。

7.【答案】 B

【解析】成本推动型通货膨胀的根源在于社会总供给的变化，在商品和劳务的需求不变的情况下，因生产成本的提高而推动物价上涨。

8.【答案】 C

【解析】当中央银行提高法定存款准备金率时，商业银行需要上缴中央银行的法定存款准备金增加，可直接运用的超额准备金减少。商业银行的可用资金减少，在其他情况不变的条件下，商业银行贷款或投资下降，引起存款的数量收缩，导致货币供应量减少。

9.【答案】 D

【解析】A股是以人民币标明面值、以人民币认购和惊喜交易，供国内投资者买卖的股票；B股又称为人民币特种股票，是以人民币标明面值，以外币认购和进行交易，专供外国和我国香港、澳门、台湾地区的投资者买卖的股票；H股是指由中国境内注册的公司发行、直接在中国香港上市的股票；N股是指由中国境内注册的公司发行，直接在美国纽约上市的股票。

10.【答案】 C

【解析】流通市场也称为二级市场，是对已上市的金融工具（如债券、股票等）进行买卖转让的市场。

11. 【答案】　A

【解析】金融工具的风险主要有两类：①信用风险或称违约风险，即债务人不履行合同，不能按约定的期限和利息还本付息的风险；②市场风险，即因经济环境、市场利率变化或者证券市场上不可预见的一些因素的变化，导致金融工具价格下跌，从而给投资人带来损失。

12. 【答案】　D

【解析】传统的票据市场指的是在商品交易和资金往来过程中产生的以汇票、本票和支票的发行、担保、承兑、贴现来实现短期资金融通的市场。

13. 【答案】　A

【解析】A股是以人民币标明面值、以人民币认购和进行交易、供国内投资者买卖的股票。

14. 【答案】　D

【解析】国家外汇管理局是依法进行外汇管理的行政机构，是国务院部委管理的国家局，由中国人民银行管理。

15. 【答案】　C

【解析】中央结算公司的业务范围之一是国债、金融债券、企业债券和其他固定收益证券的登记、托管、结算、代理还本付息。

16. 【答案】　B

【解析】中央银行的产生是"最后贷款人"的需要。客观上需要一个统一的金融机构作为其他众多银行的后盾，对某些资金周转困难的银行给予信用上的支持，充当银行的"最后贷款人"。

17. 【答案】　D

【解析】最后贷款人制度的主要目标是防范系统性金融风险，属于全局性目标，提供的是一种紧急资金援助或者支持，这种援助或支持不是政府为银行危机买单，而是体现为政府作为行政力量在市场经济中的一种宏观调控作用，而作用方式则具有救助性。

18. 【答案】　A

【解析】亚洲金融危机后，为处置国有银行业不良资产，我国于1999年成立了中国华融资产管理公司、中国长城资产管理公司、中国东方资产管理公司和中国信达资产管理公司。经过十多年运作，我国金融资产管理公司的政策性处置任务基本完成，目前已开始逐步向商业性机构转型，形成了以资产管理业务为主、投资银行和其他金融业务并举的业务格局。

19. 【答案】　A

【解析】通常认为，中央银行的最后贷款人制度、金融监管机构的审慎监管、存款保险制度是构成金融安全网的三大支柱。

20. 【答案】　D

【解析】企业集团财务公司，简称财务公司，是指以加强企业集团资金集中管理和提高企业集团资金使用效率为目的，为企业集团成员单位提供财务管理服务的非银行金融机构。财务公司主要是为集团内部成员单位提供财务管理服务。

21．【答案】　A

【解析】国家开发银行经营和办理以下业务：管理和运用国家核拨的预算内经营性建设基金和贴息资金；向国内金融机构发行金融债券和向社会发行财政担保建设债券；办理有关外国政府和国际金融机构贷款的转贷，经国家批准在国外发行债券，根据国家利用外资计划筹集国际商业贷款等；向国家基础设施、基础产业、支柱产业的大中型基本建设和技术改造等政策性项目及其配套工程发放政策性贷款；办理建设项目贷款条件评审、担保咨询等业务；为重点建设项目物色国内外合资伙伴，提供投资机会和投资信息；经批准的其他业务。

22．【答案】　C

【解析】中央银行的非营利性和独立性确保了最后贷款人负担的是宏观经济责任而不是微观经济责任。

23．【答案】　B

【解析】负债业务是商业银行形成资金来源的业务，是商业银行资产业务和中间业务的重要基础。商业银行负债业务包括存款业务和非存款业务。

24．【答案】　C

【解析】中国人民银行发布的《个人外汇管理办法》规定：个人外汇账户按主体类别区分为境内个人外汇账户和境外个人外汇账户；按账户性质区分为外汇结算账户、资本项目账户及外汇储蓄账户。外汇结算账户用于转账汇款等资金清算支付，外汇储蓄账户只能用于外汇存取，不能进行转账。

25．【答案】　D

【解析】在我国，除活期存款在每季结息日时将利息计入本金作为下季的本金计算复利外，其他存款不论存期多长，一律不计复利。

26．【答案】　A

【解析】各账户的业务内容如表1所示。

表1　各账户的业务内容

种类	细分	业务内容
单位活期存款	基本存款账户	办理日常转账结算和现金收付，一个客户只能有一个此账户
	一般存款账户	可以办理现金缴存，不得办理现金支取
	临时存款账户	设立临时机构、异地临时经营活动、注册验资时开立，有效期最长不得超过二年
	专用存款账户	基本建设资金、期货交易保证金、信托基金、金融机构存放同业资金、政策性房地产开发资金、单位银行备用金、住房基金、社保基金、收入汇缴资金和业务支出资金、党、团、工会设在单位的组织机构经费

27．【答案】　B

【解析】单位活期存款账户又称为单位结算账户，包括基本存款账户、一般存款账户、专用存款账户和临时存款账户。其中，一般存款账户简称一般户，是指存款人因借款或其他结算需要，在基本存款账户开户银行以外的银行营业机构开立的银行结算账户。一般存款账户可以办理现金缴存，但不得办理现金支取。

28. 【答案】 A

【解析】同业拆借市场是银行等金融机构间的短期资金借贷市场。同业拆借市场是金融机构进行流动性管理的重要场所，主要满足金融机构日常资金的支付清算和短期融通需要。

29. 【答案】 C

【解析】贷款是商业银行最主要的资产。

30. 【答案】 D

【解析】在国外，没有企业债和公司债的划分，统称为公司债。在我国，企业债券是按照《企业债券管理条例》规定发行与交易、由国家发展与改革委员会监督管理的债券；公司债券管理机构为中国证券监督管理委员会，发债主体为按照《中华人民共和国公司法》设立的公司法人；金融债是银行或其他金融机构作为债务人发行的借债凭证，目的是筹措中长期贷款的资金来源。

31. 【答案】 C

【解析】商业银行现金资产包括库存现金、存放中央银行款项、存放同业及其他金融机构款项。

32. 【答案】 A

【解析】票据贴现是指商业汇票的合法持票人，在商业汇票到期以前为获取票款，由持票人或第三人向金融机构贴付一定的利息后，以背书方式所作的票据转让。票据转贴现是指金融机构为了取得资金，将未到期的已贴现商业汇票再以卖断方式向另一金融机构转让的票据行为，是金融机构间融通资金的一种方式。

33. 【答案】 C

【解析】利率互换是交易双方约定在未来的一定时期内，根据约定数量的同种货币的名义本金交换利息额的金融合约；货币互换是指在约定期限内交换约定数量两种货币的

34. 【答案】 D

【解析】福费廷是指银行（或包买人）对国际贸易延期付款方式中出口商持有的远期承兑汇票或本票进行无追索权的贴现（即买断）。故从业务运作实质来看，福费廷就是远期票据贴现。

35. 【答案】 C

【解析】银团贷款成员通常分为牵头行、代理行和参加行等角色。银团代理行是指银团贷款协议签订后，按相关贷款条件确定的金额和进度归集资金向借款人提供贷款，并接受银团委托按银团贷款合同约定进行银团贷款事务管理和协调活动的银行；牵头行负责发起组织银团、分销银团贷款份额的银行，是银团贷款的组织者和安排者；参加行是指接受牵头行邀请，参加银团并按照协商确定的承贷份额向借款人提供贷款的银行。

36. 【答案】 B

【解析】作为中间业务的交易业务，是指银行为满足客户保值或自身风险管理等方面的需要，利用各种金融工具进行的资金交易活动，主要包括外汇交易业务和金融衍生品交易业务。

37. 【答案】 A

【解析】贴现付款额 $= 5000 \times (1 - 10\% \times 72 \div 360) = 4900$（元）

38. 【答案】 A

【解析】普通支票可以提取现金，也可以转账。

39. 【答案】 D

【解析】托管业务包括资产托管业务和代保管业务。

40. 【答案】 C

【解析】自1997年12月1日起施行的《支付结算办法》规定：票据的出票日期必须使用中文大写。为防止变造票据的出票日期，在填写月、日时，月为壹、贰和壹拾的，日为壹至玖和壹拾、贰拾和叁拾的，应在其前加"零"；日为拾壹至拾玖的，应在其前加"壹"。

41. 【答案】 A

【解析】代理银行业务包括：①代理政策性银行业务，是指商业银行受政策性银行的委托，对其自主发放的贷款代理结算，并对其账户资金进行监管的一种中间业务；②代理中央银行业务，是指根据政策、法规应由中央银行承担，但由于机构设置、专业优势等方面的原因，由中央银行指定或委托商业银行承担的业务；③代理商业银行业务，是商业银行之间相互代理的业务。

42. 【答案】 B

【解析】根据所附单据的不同，托收分为光票托收和跟单托收，光票托收仅附金融单据，不附带发票、运输单据等，故称"光票"；跟单托收则附有金融单据和发票等商业单据。

43. 【答案】 C

【解析】银行清算业务是指银行间通过账户或有关货币当地清算系统，在办理结算和支付中用以清讫双边或多边债权债务的过程和方法。

44. 【答案】 B

【解析】托收业务流程如图1所示。

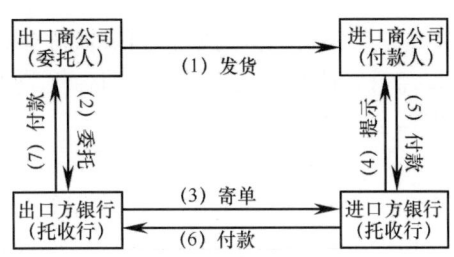

图1 托收业务流程

45. 【答案】 D

【解析】商业银行开展理财业务经营活动应符合以下审慎监管要求：①主要监管指标符合监管要求；②具体良好的信息记数系统，能够支持事业部的规范运营与银行理财产品的单独核算；③有符合相应资质且具有丰富从业经验的从业人员和专家团队；④制定了理财业务风险监测指标和风险限额，并已建立完善单独的会计核算和内部线条控制体系。

46. 【答案】 C

【解析】保本浮动收益理财计划是指商业银行按照约定条件向客户保证本金支付,本金以外的投资风险由客户承担,并依据实际投资收益情况确定客户实际收益的理财计划。

47. 【答案】　C
【解析】银行理财产品之间相分离是指本行理财产品之间不得相互交易,不得相互调节收益。

48. 【答案】　C
【解析】银行业是一个信息不对称程度非常高的行业,在创新方面,信息不对称程度更高。为了确保银行客户和其他市场参与者充分了解银行创新所隐含的风险,信息充分披露原则要求,银行必须对创新过程中不涉及商业秘密、不影响知识产权的部分,予以充分披露。

49. 【答案】　D
【解析】银行开展创新业务时,要严格界定和区分银行资产和客户资产;损害客户利益不仅是国家法律和职业道德所不允许的,而且从长远来看,也终究会损害银行自身的利益。不得通过低价倾销排挤竞争对手属于公平竞争原则的内容。

50. 【答案】　B
【解析】微观层面的金融创新仅指金融工具的创新。大致可分为:①信用创造型创新(如用短期信用来实现中期信用、分散投资者风险的票据发行便利等);②风险转移型创新(如货币互换、利率互换等);③增强流动性创新(如长期贷款的证券化等);④股权创造型创新(如附有股权认购书的债券等)。

51. 【答案】　C
【解析】互联网支付业务由人民银行负责监管,网络借贷业务、互联网信托业务和互联网消费金融业务由银监会负责监管,股权众筹融资业务和互联网基金销售业务由证监会负责监管,互联网保险业务则由保监会负责监管。

52. 【答案】　B
【解析】互联网支付业务由人民银行负责监管,网络接待业务、互联网信托业务和互联网消费金融业务由银监会负责监管,股权众筹融资业务和互联网基金销售业务由证监会负责监管,互联网保险业务则由保监会负责监管。

53. 【答案】　C
【解析】建立垂直化的组织运作机制要求实行董事会风险执行委员会→总行风险管理委员会→总行风险管理部→分行风险管理部→基层行风险管理部的垂直管理线路,上级风险管理机构负责对下一级风险机构负责人的任职资格、任职期限及任职绩效进行审批、考核。

54. 【答案】　C
【解析】市盈率(P/E)=股票价格(P)/每股收益(E),它是股票市场中常用的衡量股票投资价值的重要指标。在计算市盈率时,股价通常取最新的收盘价;若每股收益取的是已公布的上年度数据,则计算结果为静态市盈率,若是按照对今年及未来每股收益的预测值,则得到动态市盈率。本题中,静态市盈率=28/1.4=20。

55. 【答案】　A
【解析】单一集团客户授信集中度又称单一客户授信集中度,为最大一家集团客户授信总额与资本净额之比，不应高于15%。计算公式为：单一集团客户授信集中度 = $\frac{\text{最大一家集团客户授信总额}}{\text{资本净额}} \times 100\%$。

56.【答案】 B

【解析】从企业法人角度来看，我国商业银行组织架构的主流形式是统一法人制组织架构。

57.【答案】 D

【解析】高级管理层根据商业银行章程及董事会授权开展经营管理活动，确保银行经营与董事会所制定批准的发展战略、风险偏好、各项政策流程和程序相一致。高级管理层对董事会负责，同时接受监事会监督。

58.【答案】 B

【解析】股东大会是股东参与银行重大决策的一种组织形式，是银行的最高权力机构。董事会对股东大会负责，对商业银行经营和管理承担最终责任。

59.【答案】 A

【解析】有效风险管理要求银行内部就风险进行积极的内部沟通，包括组织机构间的沟通和向董事会、高管层的报告。董事会和高管层应有效运用内部审计、外部审计和内控部门的工作成果。

60.【答案】 C

【解析】固定薪酬即基本薪酬，是商业银行为保障员工基本生活而支付的基本报酬，包括津补贴，主要根据员工在商业银行经营中的劳动投入、服务年限、所承担的经营责任及风险等因素确定。商业银行的基本薪酬一般不高于其薪酬总额的35%。

61.【答案】 B

【解析】资本是商业银行资产增长的边界之一，也是最主要的制约因素。资产负债管理需要依据资本总量，确定资产增长速度与结构，促进银行增长模式由规模扩张型向资本约束型转变，保障银行可持续发展。

62.【答案】 A

【解析】缺口管理又称为利率敏感性缺口管理法，是利率风险管理的重要工具。

63.【答案】 A

【解析】内部资金转移定价（FTP）是指，商业银行内部资金中心与业务经营单位按照一定规则全额有偿转移资金，达到核算业务资金成本或收益等目的的一种内部经营管理模式，实施FTP的目的之一，就是要核算清楚负债带来了多少收益，资产占用了多少成本。

64.【答案】 B

【解析】收益率曲线一般有四种典型形状：①水平收益率曲线基本呈一条水平线，表示长期利率与短期利率相等；②正向收益率曲线向上倾斜，表示长期利率高于短期利率；③反转收益率曲线向下倾斜，表示长期利率低于短期利率；④驼峰收益率曲线表示期限相对较短的债券，利率与期限呈正向相关，期限较长的债券，利率与期限呈反向相关。

65.【答案】 C

【解析】核心一级资本是银行资本中最核心的部分，承担风险和吸收损失的能力也最强。核心一级资本主要包括以下六部分：实收资本或普通股，资本公积，盈余公积，一般风险准备，未分配利润，少数股东资本可计入部分。

66. 【答案】　A

【解析】核心资本是商业银行资本中最稳定、质量最高的部分。

67. 【答案】　C

【解析】在计量信用风险经济资本过程中，银行通常需要考虑以下要素：①违约概率、损失程度与违约风险暴露；②时间范围；③置信水平；④相关性。C项，经济增加值是国际上主流商业银行的风险绩效评价方法之一。

68. 【答案】　D

【解析】自上而下的分配模式是指基于确定的资本总量，综合考虑各管理维度经济资本占用和风险回报，在遵循一定原则（如目标资本回报要求）的基础上，将有限的经济资本按照不同的管理维度进行层层分解。通过这种分配模式，可有效贯彻银行的战略意图和管理思想，使整个银行业务发展和承担的风险总体可控。

69. 【答案】　A

【解析】商业银行的风险管理流程可以概括为风险识别、风险计量、风险监测和风险控制四个主要环节。其中，风险控制是对经过识别和计量的风险采取分散、对冲、转移、规避和补偿等措施，进行有效管理和控制的过程。

70. 【答案】　C

【解析】市场风险的计量方法有缺口分析、久期分析、外汇敞口分析、风险价值法、敏感性分析与情景分析、压力测试。

71. 【答案】　A

【解析】商业银行采用标准法，应当以各业务条线的总收入为基础计量操作风险资本要求。操作风险资本要求等于各条线三年总收入的平均值乘上一个固定比例再加总。

72. 【答案】　C

【解析】其他三项为中国人民银行的反洗钱职责。

73. 【答案】　D

【解析】洗钱的过程通常被分为三个阶段，即处置阶段、培植阶段、融合阶段，每个阶段都各有其目的及形态，洗钱犯罪交错运用不同的方法，以达到洗钱的目的。

74. 【答案】　D

【解析】股份质押属于权利质押。质押权设定法定手续有交付权利凭证和履行登记手续两类。上市公司的股份是登记在证券登记结算机构的，因此证券登记结算机构办理出质登记时，质押权设立。

75. 【答案】　A

【解析】借款人到期不归还担保贷款的，商业银行依法享有要求保证人归还贷款本金和利息或者就该担保物优先受偿的权利。

76. 【答案】　D

【解析】代位权，是指债务人怠于行使其对第三人享有的到期债权而有损于债权人债权时，债权人可以以自己的名义代位行使债务人的债权。本题中乙怠于行使其对丙的债权，且该债权已经到期，符合代位权行使的条件，甲可以代位行使乙对丙的债权，得到清偿。

77.【答案】 A

【解析】A项，抵销不得附条件或者附期限。

78.【答案】 D

【解析】收款人是指从发票人那里接受票据并有权向付款人请求付款的人。出票人是指在票据上签名并发出票据的人，或者说是签发票据的人。

79.【答案】 C

【解析】债权人在破产申请受理前对债务人负有债务的，可以向管理人主张抵消。

80.【答案】 B

【解析】公司营业执照签发日期，即为公司成立日期。

81.【答案】 B

【解析】犯罪客体是指刑法所保护而为犯罪所侵犯的社会主义社会关系。A项，犯罪主体是指实施危害社会的行为，依法应当负刑事责任的自然人或单位；C项，犯罪主观方面是指犯罪主体对自己危害行为及其危害结果所持的心理态度；D项，犯罪客观方面是指犯罪活动的客观外在表现，包括危害行为、危害结果。

82.【答案】 B

【解析】责令停产停业是针对营利性组织违反行政法律规范的一种行政处罚。AD两项是行政机关督促违法行为人自行主动纠正违法行为，不是行政处罚；C项是行政机关促使违法行为人就自己的违法行为向受害人承担民事责任，也不属于行政处罚。

83.【答案】 A

【解析】行政机关作出行政处罚决定之前，应当告知当事人有要求举行听证的权利。当事人在行政机关告知后 3 日内提出要求听证的，行政机关应当组织听证。

84.【答案】 A

【解析】行政复议，指公民、法人或者其他组织认为具体行政行为侵犯其合法权益，向行政机关提出行政复议申请，行政机关受理行政复议申请、作出行政复议决定的活动。

85.【答案】 C

【解析】《中国银行业监督管理委员会行政复议办法》规定，银行业金融机构、其他单位和个人对银监会派出机构作出的具体行政行为不服申请行政复议的，作出具体行政行为的银监会派出机构是被申请人。

86.【答案】 D

【解析】《行政强制法》，旨在规范行政强制的设定和实施，保障和监督行政机关依法履行职责，维护公共利益和社会秩序，保护公民、法人和其他组织的合法权益。

87.【答案】 B

【解析】B 选项错误，生息资产的金额是测算净利息收益率的基础，也是考查银行盈利性的一个指标。

88.【答案】 D

【解析】D 选项不属于现代商业银行类型的划分方式。

89.【答案】 A

【解析】20世纪90年代初,以客户为中心的矩阵型组织构架基本形成,并在随后的时间里迅速发展,成为全球银行业组织构架的主流模式。

90.【答案】 D

【解析】丰富金融服务的种类、提高质量及效率符合职业操守要求,其他三项都是不符合的。

二、多项选择题

1.【答案】 CD

【解析】长期、巨额的国际收支顺差,既使大量的外汇储备闲置,造成资源浪费,又常常因为购买大量的外汇而增加本国货币投放,导致国内通货膨胀压力增加;巨额的国际收支逆差可能导致外汇市场对本币信心的丧失、资本的大量外流、外汇储备的急剧下降、本币的大幅贬值,甚至导致严重的货币和金融危机。

2.【答案】 ABCE

【解析】应重点分析人口的数量、素质、分布及其资源数量和分布及生产布局的适应性和协调性,区域适度人口的规模等问题。

3.【答案】 ABCE

【解析】社会公众持有现金的愿望、社会各部门的现金需求、社会的信贷资金需求、财政收支等因素,都会影响货币供给总量。D项,货币流通速度影响的是货币需求。

4.【答案】 BE

【解析】商业银行创造存款货币的能力,首先取决于原始存款的规模。在原始存款基础上,派生存款的规模还取决于货币乘数。

5.【答案】 ADE

【解析】一般性货币政策工具主要包括法定存款准备金政策、再贴现及公开市场业务,即中央银行的"三大传统法宝"。中央银行可以通过提高法定存款准备金率、提高再贴现率或利用公开市场操作卖出证券来减少货币供应量。

6.【答案】 ABCD

【解析】不同的货币政策传导机制理论,提出了不同的货币政策传导渠道,其传导渠道主要有利率渠道、信贷渠道、资产价格渠道、汇率渠道等。其中,汇率渠道也称国际贸易渠道。

7.【答案】 ACDE

【解析】金融监督管理机构包括中国银行业监督管理委员会、中国证券监督管理委员会、中国保险监督管理委员会。它们与中国人民银行一起构成我国金融业分业监管的格局,即"一行三会"的监管格局。

8.【答案】 ABE

【解析】C项,票据市场指由具有高信用等级的大企业和财务公司发行的短期无担保债券筹措资金的短期融资场所,而可转让大额存单市场是专门办理大额定期存单发行和转让的市场;D项,黄金市场是进行黄金交易的场所。

9.【答案】 ABCDE

【解析】经中国银行业监督管理委员会批准，消费金融公司可经营下列部分或者全部人民币业务：办理个人耐用消费品贷款；办理一般用途个人消费贷款；办理信贷资产转让；境内同业拆借；向境内金融机构借款；经批准发行金融债券；与消费金融相关的咨询、代理业务；中国银行监督管理委员会批准的其他业务。

10.【答案】 ABC

【解析】中央银行的产生是集中统一银行券发行的需要、是统一票据交换及清算的需要、是"最后贷款人"的需要、是对金融业统一管理的需要。D项，贯彻并配合政府社会经济政策或意图是政策性银行的任务；E项，充当支付中介是商业银行的职能之一。

11.【答案】 DE

【解析】D项，最后贷款人的主要目标是防范系统性金融风险；E项，最后贷款人的援助对象是暂时出现流动性不足但仍然具有清偿力的金融机构，最后贷款人没有责任救助那些因管理不善出现清偿力危机而资不抵债的金融机构。

12.【答案】 ACDE

【解析】保理又称为保付代理、托收保付，是贸易中以托收、赊账方式结算货款时，出口方为了规避收款风险而采用的一种请求第三者（保理商）承担风险的做法。保理业务是一项集贸易融资、商业资信调查、应收账款管理及信用风险担保于一体的综合性金融服务。与传统结算方式相比，保理的优势主要在于融资功能。

13.【答案】 ABCDE

【解析】商业银行债券投资的风险主要包括信用风险、价格风险、利率风险、购买力风险、流动性风险、政治风险、操作风险等。

14.【答案】 AC

【解析】即期外汇交易又称为现汇交易或外汇现货交易，是指在交易日后的第2个营业日或成交当日办理实际货币交割的外汇交易。

15.【答案】 ABCDE

【解析】债券投资收益率包括名义收益率、即期收益率、持有期收益率、到期收益率。其中，名义收益率又称票面收益率。

16.【答案】 ABC

【解析】期货按照交易的标的物（也称基础资产）的不同可分为商品期货和金融期货。标的物是某种商品的，如铜或原油，属于商品期货；标的物是某种金融产品或金融指标的，如外汇、债券、利率、股票指数，属于金融期货。

17.【答案】 DE

【解析】贷款业务有多种分类标准，按照客户类型可划分为个人贷款和公司贷款；按照贷款期限可划分为短期贷款和中长期贷款；按有无担保可划分为信用贷款和担保贷款。

18.【答案】 CD

【解析】A项，银行承兑汇票属于银行的表外资产业务；B项，银行承兑汇票是由在承兑银行开立存款账户的存款人出票；E项，承兑行和贴现机构都应按照支付结算制度的相关规定，对商业汇票的真实交易关系和债权债务关系进行审核。

19.【答案】 ABC

【解析】汇款的方式主要有电汇、票汇和信汇。

20.【答案】 ABCD

【解析】目前，国内商业银行资产托管业务品种主要包括证券投资基金托管、保险资产托管、社保基金托管、企业年金基金托管、券商资产管理计划资产托管、信托资产托管、商业银行人民币理财产品托管、QFII（合格境外机构投资者）资产托管、QDII（合格境内机构投资者）资产托管等。

21.【答案】 ACE

【解析】汇票是出票人签发的，委托付款人在见票时或者在指定日期无条件支付确定的金额给收款人或者持票人的票据，分为银行汇票和商业汇票。银行汇票是由出票银行签发的。商业汇票是由出票人签发的，出票人一般是企业。

22.【答案】 ABCDE

【解析】风险隔离是指理财业务与信贷等其他业务相分离，建立符合理财业务特点的独立条线风险控制体系，同时实行自营业务与代客业务相分离、银行理财产品与银行代销的第三方机构理财产品相分离、银行理财产品之间相分离、理财业务操作与银行其他业务操作相分离。

23.【答案】 ABC

【解析】银行业务创新包括三个层面的"创新"：宏观层面、中观层面和微观层面。其中，中观层面的金融创新是指20世纪50年代末以后，金融机构特别是银行中介功能的变化，具体包括银行技术创新、产品创新以及制度创新。DE两项均属于宏观层面的创新。

24.【答案】 AB

【解析】微观层面的金融创新仅指金融工具的创新，大致可分为：①信用创造型创新；②风险转移型创新；③增强流动性创新；④股权创造型创新。其中风险转移型创新包括货币互换、利率互换等。C项属于信用创造型创新；D项属于股权创造型创新；E项属于增强流动性创新。

25.【答案】 ABCDE

【解析】银行业务创新是指商业银行为适应经济发展的要求，通过引入新技术、采用新方法、开辟新市场、构建新组织，在战略决策、制度安排、机构设置、人员准备、管理模式、业务流程和金融产品等方面开展的各项新活动，最终体现为银行风险管理能力的不断提高，以及为客户提供的服务产品和服务方式的创造与更新。

26.【答案】 ABCE

【解析】以业务线管理为主的事业部制组织架构中，全行所有业务划分为若干业务线，总行按业务线设立若干事业部，行使本业务线的经营决策权、业务管理权、资源调度权和绩效考核权。在这种组织架构中，事业部不仅集业务拓展、业务管理、业务处理三大功能于一身，而且可以支配本业务线的所有人力、财力、物力资源，独立性自主性较强。

27.【答案】 ABCDE

【解析】合规，是指使商业银行的经营活动与法律、规则和准则相一致。合规风险，是指商业银行因没有遵循法律、规则和准则可能遭受法律制裁、监管处罚、重大财务损失和声誉损失的风险。这里所称法律、规则和准则，是指适用于银行业经营活动的法律、行政法规、部门规章及其他规范性文件、经营规则、自律性组织的行业准则、行为守则和职业操守。

28. 【答案】 CD

【解析】董事会例会、监事会例会均应每季度至少召开一次；股东大会会议包括年度会议和临时会议，没有按季度召开的硬性要求。

29. 【答案】 ABCDE

【解析】在业务创新过程中，银行要识别并妥善处理金融创新引发的各类利益冲突，公平地处理银行与客户之间、银行与第三方服务提供者之间的利益冲突。同时，要建立有效受理客户投诉以及建议的渠道，及时、高效地处理客户投诉，定期汇总分析客户投诉情况，向有关人员和部门定期报告客户投诉及处理情况，研究客户对金融创新的潜在需求和改进建议，不断提高金融创新的服务质量和服务水平。

30. 【答案】 BD

【解析】缺口管理又称为利率敏感性缺口管理法，是利率风险管理的重要工具，具体是指根据对于未来利率变动趋势和收益率曲线形状的预期，改变资产和负债的缺口。简而言之，当预期利率会上升时，增加缺口；反之亦然。这里所指的缺口是指浮动利率资产和负债之间的差额，但是当上述资产和负债中的某一项的利率为固定利率的时候，同样也需要进行缺口管理。

31. 【答案】 ABD

【解析】监管资本包括一级资本和二级资本，其中，一级资本又包括核心一级资本和其他一级资本。

32. 【答案】 ACE

【解析】商业银行要提高资本充足率，主要有两个途径：①分子对策，即增加资本；②分母对策，即降低总的风险加权资产。A 项为分母对策；CE 两项为分子对策。

33. 【答案】 ABCDE

【解析】商业银行资本管理的内容包括开展资本规划、筹集、配置、资本监控、评价和应用，建立资本管理框架及机制，制定资本规划及年度计划，实施资本分配和考核，确定资本管理工具和流程。

34. 【答案】 CD

【解析】对于商业银行而言，银行需要合理地进行经济资本分配，使银行各业务单元的收益与风险相匹配，保证经济资本被分配到使用效率最高的业务领域，实现风险调整后的收益最大化。一般而言，商业银行配置经济资本可采取自上而下、自下而上或两者相结合的方法。

35. 【答案】 ACD

【解析】风险价值是指在一定的持有期和给定的置信水平下，利率、汇率等市场风险要素发生变化时可能对某项资金头寸、资产组合或机构造成的潜在最大损失。目前常用的风险价值模型技术主要有三种：方差－协方差法、历史模拟法和蒙特卡洛模拟法。

36. 【答案】 ABC

【解析】操作风险计量模型主要包括损失分布法、内部衡量法、打分卡法。DE 两项属于操作风险的计量方法。

37.【答案】 BCE

【解析】借款人是指与贷款人建立贷款法律关系的法人、其他组织或自然人。

38.【答案】 ABCDE

【解析】有下列情形之一的，信托无效：①信托目的违反法律、行政法规或者损害社会公共利益；②信托财产不能确定；③委托人以非法财产或者《信托法》规定不得设立信托的财产设立信托；④专以诉讼或者讨债为目的设立信托；⑤受益人或者受益人范围不能确定；⑥法律、行政法规规定的其他情形。

39.【答案】 CDE

【解析】根据《行政强制法》，我国行政强制措施的种类有：①限制公民人身自由；②查封场所、设施或者财物；③扣押财物；④冻结存款、汇款；⑤其他行政强制措施。AB两项，吊销执照、行政拘留属于行政处罚。

40.【答案】 ABCDE

【解析】金融机构应披露以下方面的信息：①经营业绩；②风险暴露和风险管理状况；③资本充足状况；④风险管理战略与实践；⑤会计政策与实践；⑥主体业务、经营管理等信息；⑦公司治理结构。

三、判断题

1.【答案】 A

【解析】完全竞争市场的一个基本特征就是信息通畅，生产者和消费者对市场情况非常了解，并且可以自由进入和退出这个市场。完全竞争市场中，企业生产的产品无差异，生产者无法控制市场价格，所以也不会出现按不同价格进行交易的情况。

2.【答案】 B

【解析】货币充当价值尺度职能，可以是本身有价值的特殊商品，也可以是不足值或没有价值的信用货币或价值符号。

3.【答案】 B

【解析】国家外汇管理局负责国际收支、对外债权债务的统计和监测，按规定发布相关信息，承担跨境资金流动监测的有关工作。

4.【答案】 B

【解析】国家开发银行以银行业务为主体，同时附设以经营证券业务为主的"国开证券"和以开展股权直接投资为主的"国开金融"子公司。现在，为适应我国经济发展和对外开放的战略需要，国家开发银行正在向服从国家战略发展需要、以长期信贷为主并争取在国际上发挥重大影响力的开发性金融集团发展。

5.【答案】 B

【解析】专用存款账户应是存款人对其特定用途的资金进行专项管理和使用而开立的银行结算账户；临时存款账户是指存款人因临时需要并在规定期限内使用而开立的银行结算账户。

6.【答案】 A

【解析】与财政部通过发行国债筹集资金的性质不同，中国人民银行发行票据的目的不是筹资，而是通过公开市场操作调节金融体系的流动性，是一种重要的货币政策手段。

7. 【答案】　B

【解析】按信用证项下的权利是否可转让，可分为可转让信用证和不可转让信用证。现在银行开立的大多是不可转让信用证。

8. 【答案】　B

【解析】商业汇票分为商业承兑汇票和银行承兑汇票。

9. 【答案】　A

【解析】收购兼并顾问是商业银行为客户收购、出售、分立、合并和资产换置等提供建议方案，并参与整个过程的策划和操作，以协助客户实现经营策略的调整。

10. 【答案】　B

【解析】银行开展创新业务时，要严格界定和区分银行资产和客户资产，进行有效的风险隔离管理，对客户的资产进行充分保护。

11. 【答案】　B

【解析】在开展创新业务时，银行必须遵循符合客户利益和审慎尽责的基本要求，真正将客户的利益放在首位。为切实保护客户利益，还需要在客户教育方面努力，使他们接受和遵循"买者自负"这一市场经济基本原则，即客户对自己的投资决策负责。"保证客户在购买金融创新产品时不遭受损失"违背了这一原则。

12. 【答案】　A

【解析】中国人民银行和银监会同时拥有对银行业金融机构的检查监督权，并不会导致对银行业金融机构的双重检查和双重处罚。这是由于两者的监管侧重点各有不同，并且两者的划分在现实操作中非常清晰。

13. 【答案】　A

【解析】根据《继承法》第十二条规定，丧偶儿媳对公、婆，丧偶女婿对岳父、岳母，尽了主要赡养义务的，作为第一顺序继承人。

14. 【答案】　B

【解析】对金融机构的常规性全面检查应至少一年或一年半进行一次。

15. 【答案】　B

【解析】题中叙述的是信息披露原则的要求。授信尽职要求从事信贷业务的银行业从业人员忠于职责，专业、客观、全面、中立地对信贷客户进行尽职调查，监控风险，为实现银行信贷风险控制做好基础工作。

全国银行业专业人员职业资格考试热题库

《银行业法律法规与综合能力（中级）》模拟试卷（二）

一、单项选择题（共90题，每小题0.5分，共45分。以下各小题所给出的四个选项中，只有一项符合题目要求，请选择相应选项，不选、错选均不得分）

1. 以下属于垄断竞争行业特征的是（　　）。
   A. 市场上只有唯一的一个企业生产和销售产品
   B. 所有的资源具有完全的流动性
   C. 企业生产和销售的产品没有合适的替代品
   D. 市场上存在许多生产者，且其对自己经营的产品的价格有一定的控制力

2. 在经济周期的下降阶段，食品业的销售收入和利润会（　　）。
   A. 上升　　　　　B. 下降　　　　　C. 基本稳定　　　　　D. 难以预测

3. （　　）主要是从经济发展的角度对区域经济发展的水平及所处的发展阶段、区域产业结构和地域结构进行分析。
   A. 区域经济分析　　　　　　　　　B. 区域发展分析
   C. 区域发展条件分析　　　　　　　D. 区域发展背景分析

4. 许多国家把调高或降低（　　）作为紧缩或扩张信用的一个重要手段。
   A. 现金漏损率　　　　　　　　　　B. 超额准备金率
   C. 法定存款准备金率　　　　　　　D. 定期存款准备金率

5. 在为治理通货膨胀而采取的紧缩性财政政策中，政府可以削减转移性支出。下列支出中，属于转移性支出的是（　　）。
   A. 政府投资、行政事业费　　　　　B. 福利支出、行政事业费
   C. 政府投资、财政补贴　　　　　　D. 福利支出、财政补贴

6. 中央银行在公开市场上买卖有价证券，将直接影响（　　），从而影响货币供应量。
   A. 商业银行超额准备金　　　　　　B. 商业银行法定准备金
   C. 中央银行再贴现　　　　　　　　D. 中央银行再贷款

7. 我国公布的外汇牌价为100美元等于684.09元人民币，这种标价方法属于（　　）。
   A. 间接标价法　　B. 直接标价法　　C. 应收标价法　　D. 人民币标价法

8. 当一国国际收支出现顺差，反映在外汇市场上是（　　）。
   A. 外汇供给大于外汇需求　　　　　B. 外汇供给小于外汇需求
   C. 外汇汇率上涨　　　　　　　　　D. 外汇汇率无变化

9. 上海证券交易所于（　　）成立。
   A. 1990年　　　　B. 1991年　　　　C. 1993年　　　　D. 1995年

10. 中国证券业协会在国家对证券业实行集中统一管理的前提下，进行证券（   ）。
    A. 集中管理   B. 分业管理   C. 自律管理   D. 混合管理
11. 根据金融商品的交割时间划分，可将金融市场分为（   ）。
    A. 一级市场和二级市场   B. 现货市场和期货市场
    C. 货币市场和资本市场   D. 场内交易市场和场外交易市场
12. 在最初资金提供者和最终资金使用者之间进行债权债务关系转换活动的中介机构通常是（   ）金融机构。
    A. 契约型   B. 调控型   C. 间接   D. 直接
13. 如果某一金融机构希望通过持有的债券来获得一笔短期资金融通，则它可以参加（   ）市场。
    A. 同业拆借   B. 商业票据
    C. 回购协议   D. 大额可转让定期存单
14. 最后贷款人的援助对象是（   ）。
    A. 流动性充足的金融机构
    B. 暂时出现流动性不足但仍然具有清偿力的金融机构
    C. 已经濒临破产倒闭的银行
    D. 出现清偿力危机而资不抵债的金融机构
15. 下列属于中国农业发展银行主要任务的是（   ）。
    A. 国家重点建设项目融资   B. 支持进出口贸易
    C. 支持国家开发项目融资   D. 农业政策性贷款
16. （   ）是承担支持进出口贸易融资任务的政策性银行。
    A. 中国银行   B. 中国农业发展银行
    C. 中国进出口银行   D. 国家开发银行
17. 根据自 2003 年 10 月 3 日起施行的《汽车金融公司管理办法》，中国的汽车金融公司是指经银监会批准设立的，为中国境内的汽车（   ）提供贷款的非银行金融机构。
    A. 批发商   B. 生产者   C. 担保公司   D. 购买者及销售者
18. 以下不属于商业银行经营原则的（   ）。
    A. 安全性   B. 流动性   C. 效益性   D. 收益性
19. 村镇银行是指由境内外金融机构、（   ）、境内自然人出资，在农村地区设立的主要为当地农民、农业和农村经济发展提供金融服务的银行业金融机构。
    A. 境内外非金融企业法人   B. 境内非金融企业法人
    C. 境外非金融企业法人   D. 境外自然人
20. （   ）是指银行应进口申请人的要求，与其达成进口项下单据及货物的所有权归银行所有的协议后，银行以信托收据的方式向其释放单据并先行对外付款的行为。
    A. 进口押汇   B. 出口押汇   C. 保理   D. 福费廷
21. 银行买入外国纸币时所使用的外汇牌价是（   ）。
    A. 现钞卖出价   B. 现钞买入价   C. 现汇卖出价   D. 现汇买入价

22. 下列关于教育储蓄存款表述正确的是（　　）。
    A. 分次存入，分次支取
    B. 存期灵活，最长存期为六年
    C. 总额控制，本金合计最高限额为5万元
    D. 利率优惠，按同期限档次的零存整取定期储蓄存款利率计息

23. 我国商业银行的存款中的外币存款按账户种类可以分为（　　）。
    A. 单位存款和个人存款　　　　　B. 活期存款和定期存款
    C. 外汇储蓄存款和单位外汇存款　D. 经常项目外汇账户和资本项目外汇账户

24. 李女士2016年11月8日存入5000元，定期整存整取半年，假定年利率为2.70%，到期日为2017年5月8日，支取日为2017年5月28日。假定2016年5月28日，活期储蓄存款年利率为0.72%，暂免征收利息税，则他拿到的利息是（　　）元。
    A. 65　　　　B. 68　　　　C. 69.5　　　　D. 70

25. Shibor是由信用等级较高的银行组成报价团自主报出的人民币同业拆出利率计算确定的（　　）。
    A. 最高值　　B. 最低值　　C. 加权平均值　　D. 算数平均值

26. 某商业银行在对某出口企业进行贷后调查时发现，受金融危机影响，国外进口商减少了对该企业的订单，导致该企业完全依靠其正常经营收入无法足额偿还贷款本息，即使执行担保，也可能会造成一定损失，该银行应将该企业列为（　　）。
    A. 关注类贷款　　B. 次级类贷款　　C. 可疑类贷款　　D. 损失类贷款

27. 商业银行为票据持有人贴现票据，是商业银行通过（　　）未到期的商业票据，为持票人融通资金的行为。
    A. 出让　　　　B. 卖出　　　　C. 买进　　　　D. 卖断

28. 信用证业务的特点不包括（　　）。
    A. 信用证是一种无条件的支付承诺
    B. 开证行负首要付款责任
    C. 银行在信用证业务中提供多种融资、咨询服务
    D. 信用证业务处理的是单据，而不是与单据有关的货物、服务或其他行为

29. 国债的债务人是（　　）。
    A. 国家　　　B. 中央银行　　　C. 地方政府　　　D. 金融机构

30. 某商业银行2016年1月5日买入国债，价格是100元，2017年1月5日卖出国债，价格是120元，期间未分配利息，则持有期收益率为（　　）。
    A. 9.1%　　　B. 20%　　　C. 11%　　　D. 10%

31. 银行对于信用卡客户的透支取现及过了免息期的透支消费，要按日计收利息，通常按日利率5‰计息。如果李女士于2016年5月30日透支取现1000元，到该年6月30日他应支付给银行透支利息（　　）元。
    A. 16.00　　B. 15.50　　C. 15.00　　D. 14.50

32. 在银团贷款中，（　　）是指经借款人同意，负责发起组织银团、分销银团贷款份额的银行。

A. 安排行　　　B. 代理行　　　C. 参加行　　　D. 牵头行

33. 债券市场的主体是（　　），债券存量约占全市场的95%。
    A. 场外市场　　　　　　　　B. 银行间市场
    C. 交易所市场　　　　　　　D. 商业银行柜台市场

34. 中央银行票据的期限一般在（　　）以内。
    A. 一年　　　B. 三年　　　C. 五年　　　D. 十年

35. 商业银行柜台市场的交易品种主要是（　　）。
    A. 质押式回购　B. 买断式回购　C. 融资融券　D. 现券交易

36. （　　）二级市场非常发达，交易方便，是商业银行证券投资的主要对象。
    A. 记账式国债　　　　　　　B. 凭证式国债
    C. 储蓄国债（电子式）　　　D. 地方政府债券

37. （　　）是指商业、餐饮、服务企业，为扩大网点、改善服务设施、增加仓储面积等所需资金，在自筹建设资金不足时向银行申请的贷款。
    A. 基本建设贷款　　　　　　B. 流动资金贷款
    C. 科技开发贷款　　　　　　D. 商业网点贷款

38. 下列选项中，属于商业银行托管业务范围的是（　　）。
    A. 代保管业务　B. 代理证券业务　C. 个人理财业务　D. 票据发行便利

39. 办理资金收付业务，收到客户支付的50元手续费，这属于商业银行的（　　）。
    A. 票据业务　B. 中间业务　C. 负债业务　D. 贷款业务

40. 下列各类支票中，不能用于支取现金的是（　　）。
    A. 旅行支票　B. 普通支票　C. 现金支票　D. 转账支票

41. 由银行签发，承诺自己在见票时无条件支付确定金额给收款人或者持票人的票据是（　　）。
    A. 支票　　　B. 银行本票　C. 银行承兑汇票　D. 商业承兑汇票

42. 信用卡最主要的功能是（　　）。
    A. 储蓄功能　B. 转账结算功能　C. 购物消费功能　D. 小额信贷功能

43. 最符合理财业务特征的理财产品是（　　）。
    A. 个人理财产品　　　　　　B. 保证收益理财产品
    C. 保本浮动收益理财产品　　D. 非保本浮动收益理财产品

44. 一般来说，投资者投资（　　）承担的投资风险最低。
    A. 保证收益理财产品　　　　B. 非保证收益理财产品
    C. 保本浮动收益理财产品　　D. 非保本浮动收益理财产品

45. 以下不属于标准化金融工具的是（　　）。
    A. 固定收益类金融工具　　　B. 衍生类金融工具
    C. 承兑汇票　　　　　　　　D. 贵金属类金融工具

46. 下列关于银行信贷资产证券化的说法不正确的是（　　）。
    A. 银行信贷资产证券化的模式下，银行不承担贷款的信用风险，而是由投资者承担

B. 银行的信贷资产是具有一定数额的价值并具有生息特性的货币资产

C. 信贷证券化是银行向借款人发放贷款,再将这部分贷款转化为资产支持证券出售给投资者

D. 资产证券化是一种资产收入导向型、高成本、结构性的融资方式

47. 下列不属于银行从事客户教育的内容的是（　　）。
    A. 为客户提供相关信息
    B. 为客户提供培训
    C. 为客户提供风险测试
    D. 使客户接受"买者自负"这一市场经济基本原则

48. 下列不属于银行金融创新的基本原则的是（　　）。
    A. 合法合规　　　B. 成本可算　　　C. 维护客户利益　　　D. 客户资产隔离

49. 银行的很多创新在本质上是（　　）的创新。
    A. 风险管理方式　　B. 金融工具　　C. 业务模式　　D. 业务流程

50. 拨备前利润是银行常用的财务指标，是银行在经营中已经构成的（　　）作出的准备。
    A. 收入和支出　　B. 贷款和存款　　C. 风险和损失　　D. 成本和利润

51. （　　）是银行盈利能力分析中既考虑预期损失，有考虑非预期损失，同时也是银行进行价值管理的核心指标。
    A. 拨备前利润　　　　　　　　　B. 净利息收益率
    C. 平均净资产回报率　　　　　　D. 风险调整后资本回报率

52. 在商业银行流动性风险管理中，流动性比例为流动性资产余额与（　　）之比。
    A. 贷款余额　　　　　　　　　　B. 负债总额
    C. 流动性负债余额　　　　　　　D. 风险资产总额

53. 已知某银行本期税后净利润为2000万元，计划分配给优先股股东的股息约为300万元，该银行发行的普通股有200万股，优先股为50万股，则其每股收益为（　　）元/股。
    A. 6.8　　　　B. 8.2　　　　C. 8.5　　　　D. 10

54. 下列不属于商业银行合规管理体系基本要素的是（　　）。
    A. 合规管理部门　　　　　　　　B. 银行盈利目标
    C. 合规风险管理计划　　　　　　D. 合规政策

55. 下列不属于商业银行公司治理制衡机制的是（　　）。
    A. 履职要求　　B. 职责边界　　C. 组织架构　　D. 激励约束

56. （　　）对银行总体负责，包括审核监督银行战略目标、风险战略、公司治理和企业价值的实施情况。
    A. 董事会　　B. 监事会　　C. 股东大会　　D. 高级管理层

57. 董事会做出决议，必须经商业银行全体董事（　　）通过。
    A. 1/3以上　　　　　　　　　　B. 2/3以上
    C. 过半数　　　　　　　　　　　D. 全数

58. 主要高级管理人员绩效薪酬的延期支付比例应高于（　　）。
   A. 20%　　　　B. 30%　　　　C. 40%　　　　D. 50%

59. 商业银行资产负债管理的对象和内涵呈现出（　　）的趋势。
   A. 表内、本币、单一制　　　　B. 表内外、本外币、单一制
   C. 表内外、本外币、集团化　　D. 表内、本币、集团化

60. （　　）以流动性指标、资本充足率和资产负债相关项目的关联关系等为约束条件，进行资产负债匹配管理，持续优化资产负债组合配置的成本收益结构和期限结构。
   A. 资产组合管理　　　　　　　B. 资产负债匹配管理
   C. 资产负债计划管理　　　　　D. 负债组合管理

61. 商业银行资产负债管理的整体目标是，在承受合理的缺口与流动性风险的前提下，（　　）。
   A. 追求银行价值最大化　　　　B. 完善内部管理机制和风险控制机制
   C. 为客户提供最大化的利益　　D. 健全市场经营机制

62. （　　）又称利率敏感性缺口管理法，是利率风险管理的重要工具。
   A. 利率管理　　B. 久期管理　　C. 缺口管理　　D. 资本管理

63. 关于收益率曲线的说法中，正确的是（　　）
   A. 收益率曲线向下倾斜，表示长期利率低于短期利率
   B. 收益率曲线向上倾斜，表示短期利率高于长期利率
   C. 驼峰收益率曲线表示期限相对较短的债权，利率与期限成负相关
   D. 驼峰收益率曲线表示期限较长的债权，利率与期限成正向相关

64. （　　）是银行增加一级资本最快捷的方式。
   A. 发行普通股　　B. 发行优先股　　C. 次级债券　　D. 留存利润

65. 《巴塞尔新资本协议》中，风险加权资产的计算公式为（　　）。
   A. 信用风险加权资产 + 市场风险资本
   B. 信用风险加权资产 + 市场风险资本 + 操作风险资本
   C. （信用风险加权资产 + 市场风险资本 + 操作风险资本）×12.5
   D. 信用风险加权资产 +（市场风险资本 + 操作风险资本）×12.5

66. 对风险管理水平高、资产结构合理的商业银行而言，采用（　　）能够适度降低风险加权资产、节约资本。
   A. 权重法　　　　　　　　　　B. 标准法
   C. 蒙特卡洛模拟法　　　　　　D. 资本计量的高级方法

67. 对风险厌恶型银行来说，通常选择的置信水平相对_____，因此计量得出的经济资本就_____。（　　）
   A. 较低；较小　　B. 较低；较大　　C. 较高；较大　　D. 较高；较小

68. 根据《商业银行资本管理办法（试行）》，关于我国商业银行资本充足率监管要求的说法不正确的是（　　）。
   A. 第一层次为最低资本要求，即核心一级资本充足率、一级资本充足率和资本充足率分别为 4%、6% 和 8%

B. 第二层次为储备资本要求和逆周期资本要求，分别为2.5%和0～2.5%

C. 第三层次为系统重要性银行附加资本要求，为1%

D. 第四层次为第二支柱资本要求，确保资本充分覆盖所有实质性风险

69. 商业银行的借贷业务不应集中于同一行业、同一区域，这种风险管理策略是（　　）。

    A. 风险补偿　　　B. 风险转移　　　C. 风险对冲　　　D. 风险分散

70. （　　）是商业银行企业文化的重要组成部分，也是商业银行稳健经营与可持续发展的基础。

    A. 风险管理　　　B. 内部控制　　　C. 风险文化　　　D. 制度文化

71. 商业银行通过内部评级确定每个非零售风险暴露债务人的风险等级时，债务人评级范围包括（　　）。

    A. 保证人和债项　　　　　　　　B. 债务人和债项

    C. 债务人和保证人　　　　　　　D. 保证人和被保证人

72. 根据修订后的《中国人民银行法》，下列选项中不属于中国人民银行的职责的是（　　）。

    A. 监督管理银行间债券市场、外汇市场

    B. 发行人民币、管理人民币流通

    C. 维护支付、清算系统的正常运行

    D. 开展与银行业监督管理有关的国际交流、合作活动

73. 银监会对银行业金融机构的变更、终止申请，应当在自收到申请文件之日起（　　）个月内作出批准或者不批准的书面决定。

    A. 1　　　　　　B. 2　　　　　　C. 3　　　　　　D. 4

74. 甲商业银行向乙企业发放设备贷款200万元，期限5年，由丙公司作保证担保。3年后，甲商业银行将上述贷款转让给了丁商业银行，丁商业银行另外还对乙企业追加了20万元流动资金贷款。丙公司对丁商业银行的担保责任是（　　）。

    A. 丙公司不再承担保证责任，因为甲与乙变更债权主体未得到丙的同意

    B. 丙公司对3年前的保证承担责任，对3年后的保证不承担责任

    C. 丙公司对全部220万元贷款承担保证责任

    D. 丙公司继续对设备贷款200万元承担保证责任，对追加的20万元不承担保证责任

75. 根据《中华人民共和国合同法》的规定，下列表述错误的是（　　）。

    A. 合同成立是法律评价问题，合同生效是事实问题

    B. 合同是当事人之间设立、变更、终止民事关系的协议

    C. 合同是一种民事法律行为

    D. 合同是双方或者多方民事法律行为

76. 甲向乙借款10000元，同意将自己的笔记本电脑质押，该质权自（　　）起设立。

    A. 合同签订　　　B. 合同生效　　　C. 质押登记　　　D. 质物交付

77. 张强是乙企业销售人员，拥有企业的空白合同书，后张强因违规被乙企业除名，但

空白合同书未收回。张强以此合同书与丙签订买卖合同，该买卖合同的效力（   ）。
   A. 不成立   B. 效力待定   C. 有效   D. 无效

78. 下列不属于票据基本特征的是（   ）。
   A. 票据是流通证券   B. 票据是要式证券
   C. 票据是设权证券   D. 票据是有因证券

79. 根据我国《公司法》的规定，我国采取的公司资本制度是（   ）。
   A. 法定资本制   B. 授权资本制   C. 折中资本制   D. 任意资本制

80. 我国证券公开发行实行的是（   ）。
   A. 引荐制   B. 审批制   C. 核准制   D. 注册制

81. 下列关于集资诈骗罪的说法错误的是（   ）。
   A. 其客体是社会公众的财产与国家的金融秩序
   B. 集资诈骗行为名为集资、实为诈骗
   C. 主体包括自然人和单位
   D. 客观方面表现为行为人不是以存款的名义而足以其他形式吸收公众资金，承诺还本付息，来达到吸收公众存款的目的

82. 下列行政行为中，不属于行政处罚的是（   ）。
   A. 没收非法财物   B. 开除公职
   C. 行政拘留   D. 暂扣许可证和执照

83. 行政强制措施与行政强制执行的共同点在于（   ）。
   A. 都是以强制的方式实现行政目的
   B. 都是以行政相对人不履行义务为前提
   C. 实施主体都是法律明确授权的行政机关
   D. 采取强制措施的方式都是相同的

84. 行政机关对涉嫌金融违法的银行业金融机构及其工作人员采取冻结存款、汇款的行为属于（   ）。
   A. 行政处分   B. 行政处罚
   C. 行政强制措施   D. 违法行为

85. 行政许可的被许可人需要延续依法取得的行政许可的有效期的，一般可以在行政许可有效期届满（   ）日前向行政机关提出延续行政许可的申请。
   A. 15   B. 30   C. 40   D. 60

86. 限制人身自由的行政法规，只能由（   ）规定。
   A. 行政法规   B. 地方性法规   C. 刑法   D. 法律

87. 监管部门对金融机构报送的数据、报表和有关资料等信息进行整理和分析，并通过一系列风险监测和评价指标，对金融机构的经营风险做出初步评价和早期预警的监管方式属于（   ）。
   A. 现场检查   B. 市场准入   C. 非现场监管   D. 风险监测分析

88. 下列不属于非现场风险分析的主要内容的是（   ）。

A. 资产质量分析　　　　　　　　B. 资本充足性分析
C. 流动性分析　　　　　　　　　D. 法律法规遵守情况分析

89. 商业银行组织构架的选择，需要综合考虑商业银行发展战略、经营规模、（　　）以及相关监管法律等内外部多重因素。
A. 外部经济政治环境　　　　　　B. 风险状况
C. 公司治理　　　　　　　　　　D. 内部控制

90. 以下选项中不属于国际上银行自律组织的是（　　）。
A. 国际清算银行　　　　　　　　B. 香港银行公会
C. 美国银行家协会　　　　　　　D. 中国银行业协会

二、**多项选择题**（共 40 题，每小题 1 分，共 40 分。以下各小题所给出的五个选项中，只有两项或两项以上符合题目要求，请选择相应选项，不选、错选均不得分）

1. 一般来说，衡量通货膨胀的常用指标是（　　）。
A. 消费者物价指数　　　　　　　B. 生产者物价指数
C. 国内生产总值　　　　　　　　D. 国内生产总值物价平减指数
E. 居民生活消费指数

2. 经济全球化的表现包括（　　）。
A. 生产活动全球化　　　　　　　B. 生产要素在全球范围内配置
C. 跨国公司的作用进一步加强　　D. 金融管制逐步放松
E. 投资活动遍及全球并成为经济发展和增长的新支点

3. 下列关于存款利率的说法正确的是（　　）。
A. 存款利率是指客户在银行或其他金融机构存款所取得的利息与存款本金的比率
B. 存款利率的高低直接决定了存款人的利息收益和金融机构的融资成本
C. 存款利率越高，存款人的利息收入越多
D. 存款利率越高，银行的融资成本越高
E. 存款利率越高，金融机构集中的社会资金数量就越多

4. 外汇需要具备的前提条件包括（　　）。
A. 以外币表示的外国金融资产　　B. 以黄金储备为基础
C. 能自由地兑换成其他支付手段　D. 是在国外能得到偿付的货币债权
E. 与特别提款权相关联

5. 票据的主要形式有（　　）。
A. 汇票　　　　　　　　　　　　B. 存单
C. 本票　　　　　　　　　　　　D. 发票
E. 支票

6. 大额可转让定期存单不同于传统定期存单的特点有（　　）。
A. 记名　　　　　　　　　　　　B. 面额固定
C. 利率固定　　　　　　　　　　D. 不可提前支取

E. 可在二级市场流通转让

7. 我国的股票类型中,属于境外上市外资股的有（　　）。
   A. A股
   B. B股
   C. C股
   D. H股
   E. N股

8. 关于证券回购市场的说法,正确的有（　　）。
   A. 能避免通过买卖证券获取流动性而可能蒙受的价格风险
   B. 利率一般比同业拆借利率高
   C. 参与者包括普通工商企业
   D. 交易的证券主要是国债
   E. 融资期限在1年以内

9. 下列关于我国存款保险制度的说法,正确的有（　　）。
   A. 最高偿付限额为人民币50万元
   B. 投保机构为商业银行
   C. 被保险存款为投保机构吸收的人民币存款
   D. 于2015年5月1日正式实施
   E. 目的在于依法保护存款人的合法权益,及时防范和化解金融风险,维护金融稳定

10. 企业集团财务公司是一种完全属于集团内部的金融机构,该性质体现在（　　）。
    A. 服务对象限于企业集团成员
    B. 不允许为非成员单位提供服务
    C. 不允许从集团外吸收存款
    D. 财务公司出现支付困难,母公司有义务提供资金支持
    E. 仅可以吸收集团内部成员以及与集团内部成员有业务关系单位的存款

11. 对于单位活期存款账户中的一般存款账户,可以办理的业务有（　　）。
    A. 现金缴存
    B. 现金支取
    C. 现金取息
    D. 转账结算
    E. 借款相关的业务

12. 现金资产业务包括（　　）。
    A. 库存现金
    B. 存放同业款项
    C. 存放中央银行款项
    D. 同业存款
    E. 存放其他金融机构款项

13. 商业银行在金融市场上发行金融债,应当具备的条件有（　　）。
    A. 贷款损失准备计提充足
    B. 核心资本充足率不低于4%
    C. 资本充足率不低于8%
    D. 最近3年连续盈利
    E. 最近3年没有重大违法、违规行为

14. 流动资金贷款按期限可分为（　　）。
    A. 临时流动资金贷款
    B. 短期流动资金贷款
    C. 中期流动资金贷款
    D. 中长期流动资金贷款

E. 长期流动资金贷款
15. 按照出票人的不同，票据贴现可以分为（   ）。
   A. 协议付息票据贴现　　　　　B. 银行承兑汇票贴现
   C. 商业承兑汇票贴现　　　　　D. 再贴现
   E. 转贴现
16. 个人住房贷款，是个人贷款最主要的组成部分，是指向借款人发放的用于购买、建造和大修理各类型住房的贷款。以下属于个人住房贷款种类的有（   ）。
   A. 个人住房按揭贷款　　　　　B. 个人权利质押贷款
   C. 个人住房组合贷款　　　　　D. 公积金个人住房贷款
   E. 二手房贷款
17. 金融衍生品是一种金融合约，其价值取决于一种或多种基础资产或指数，合约的基本种类包括（   ）。
   A. 汇兑　　　　　　　　　　　B. 远期
   C. 期货　　　　　　　　　　　D. 掉期
   E. 期权
18. 客户经常使用的银行卡分为信用卡和借记卡，其区别有（   ）。
   A. 是否收取利息　　　　　　　B. 是否可以透支
   C. 是否以信用为基础　　　　　D. 是否需要预先存款
   E. 是否可以取现
19. 下列属于银行可以进行的代理业务的有（   ）。
   A. 代理国债买卖　　　　　　　B. 代理保险
   C. 银行保函　　　　　　　　　D. 委托贷款
   E. 信用证
20. 离岸银行业务的主要服务对象包括（   ）。
   A. 居民客户　　　　　　　　　B. 境外自然人
   C. 境外政府机构　　　　　　　D. 境内机构的境外代表机构
   E. 港、澳、台的法人
21. 关于支付结算工具，下列说法错误的有（   ）。
   A. 转账支票上印有"转账"字样，只能用于转账
   B. 在购买旅行支票时必须进行初签，使用时再复签
   C. 普通支票上印有"普通"字样，可以支取现金，也可以转账
   D. 在现金支票左上角划两条平行线的为划线支票，表明该支票已经取现完毕
   E. 旅行支票可以办理挂失、理赔和紧急补偿
22. 商业银行应比照自营贷款管理流程，对非标准化债权资产投资采取下列哪些措施？（   ）
   A. 投前尽职调查　　　　　　　B. 信息筛选
   C. 投后风险管理　　　　　　　D. 风险审查
   E. 资料分类管理

23. 下列关于互联网金融，说法正确的有（　　）。
    A. 是以点对面交易为基础进行金融资源配置
    B. 使商业银行真正向"以客户为中心"转变
    C. 第三方互联网支付在资金划转上起基础性作用
    D. 为银行创造了市场机会
    E. 为商业银行借助互联网技术开展服务革命提供了契机

24. 下列关于P2P平台，说法不正确的有（　　）。
    A. 有"一对多"、"多对一"、"多对多"三种交易模式
    B. 贷款的利率是由银行同期贷款利率确定
    C. 是个体和个体之间通过互联网平台实现的直接借贷
    D. 参与门槛低、渠道成本低，在一定程度上拓展了社会的融资渠道
    E. 有些平台还提供资金转移和结算、债务催收、寻找第三方担保等服务

25. 微观层面的金融创新大致可以分为以下几种类型（　　）。
    A. 信用创造型创新　　　　　　　B. 风险转移型创新
    C. 增强流动性创新　　　　　　　D. 金融市场的创新
    E. 股权创造型创新

26. 资产管理行业和金融市场格局的演变推动着商业银行实现转变，这些转变包括（　　）。
    A. 从主要参与货币市场到同时涉足资本市场
    B. 从资金提供者转变为资金供应者
    C. 从交易为主转变为理财为主
    D. 从资产持有转变为资产持有与管理并重
    E. 从单一业务模式转变为复杂的综合业务模式

27. 建立垂直化风险管理体系包括（　　）。
    A. 建立垂直化的组织运作机制
    B. 将风险管理职能进一步向总行本部集中
    C. 将风险管理职能进一步向分行扩散
    D. 提高风险管理的专业化水平
    E. 建立重大风险事项管理和应急处理机制

28. 内部控制措施是银行根据风险评估结果，采用相应的控制措施，将风险控制在可承受度之内。商业银行的内部控制措施包括（　　）。
    A. 信息系统　　　　　　　　　　B. 岗位设置
    C. 授权管理　　　　　　　　　　D. 内控制度
    E. 外包管理

29. 商业银行的监事会由（　　）组成。
    A. 职工代表出任的监事　　　　　B. 股东大会选举的外部监事
    C. 股东监事　　　　　　　　　　D. 财务负责人
    E. 商业银行总行行长

30. 投融资和票据转贴现业务管理要坚持（　　）的原则。
    A. 科学规划　　　　　　　　　B. 统一管理
    C. 集约经营　　　　　　　　　D. 分散经营
    E. 综合发展

31. 资金管理是对商业银行全部资金来源与运用的统一管理，是优化资金配置，引导资金合理流动，促进资金营运（　　）协调统一的重要手段。
    A. 真实性　　　　　　　　　　B. 安全性
    C. 效益性　　　　　　　　　　D. 合法性
    E. 流动性

32. 《巴塞尔资本协议》的内容包括（　　）。
    A. 确定了资本的构成，即银行的资本分为核心资本和附属资本两类
    B. 根据资产信用风险的大小，将资产分为四个风险档次
    C. 通过设定一些转换系数，将表外授信业务也纳入资本监管
    D. 规定银行的资本与风险加权资本之比不得低于4%
    E. 规定银行的核心资本与风险加权资产之比不得低于2%

33. 经济资本是可以根据不同角度来区分的银行资本，它是（　　）。
    A. 银行实实在在拥有的资本　　　B. 银行需要保有的最低资本量
    C. 资产减去负债后的余额　　　　D. 是银行的一种内部管理工具
    E. 维持金融体系稳定必须持有的资本

34. 资本规划的制定要统筹考虑银行的资本需求与供给情况，在资本供给方面，应考虑（　　）。
    A. 资产质量　　　　　　　　　B. 利润增长
    C. 资本市场的波动性　　　　　D. 各种资本补充来源的长期可持续性
    E. 不同压力条件下的资本需求和资本可获得性

35. 与非零售风险暴露相比，零售风险暴露具有（　　）的特点。
    A. 笔数小　　　　　　　　　　B. 笔数大
    C. 单笔风险暴露较小　　　　　D. 单笔风险暴露较大
    E. 风险分散

36. 在缺口分析中，负缺口意味着（　　）。
    A. 负债大于资产　　　　　　　B. 资产大于负债
    C. 利率下降会导致净利息收入下降　　D. 利率上升会导致净利息收入下降
    E. 利率变动将会对银行的经济价值产生较大的影响

37. 操作风险管理工具和手段主要有（　　）。
    A. 应急计划　　　　　　　　　B. 交易限额
    C. 操作风险与控制自评估　　　D. 关键风险指标
    E. 损失数据库

38. 按照保险对象的不同，保险可以分为（　　）。
    A. 原保险　　　　　　　　　　B. 再保险

C. 社会保险 D. 人身保险
E. 财产保险

39. 属于人民法院对公民、法人或其他组织采取的强制执行方式的有（　　）。
    A. 划拨存款、汇款
    B. 加处罚款或者滞纳金
    C. 拍卖或者依法处理查封、扣押的场所、设施或者财物
    D. 限制公民人身自由
    E. 代履行

40. 下列属于骆驼评级体系的考核指标的是（　　）。
    A. 资本质量 B. 资产质量
    C. 资本充足性 D. 管理水平
    E. 流动性

三、判断题（共15题，每小题1分，共15分。请判断以下各小题的对错，正确的用"A"表示，错误的用"B"表示。）

1. 银行业的经营状况与经济周期密切相关，一般来说，如果经济处于繁荣时期，银行业整体的经营状况就会比较好。（　　）
2. 最初建立存款准备金制度的目的是为了中央银行对货币供给的调控，即使之成为货币政策工具。（　　）
3. 商业票据必须以商品买卖为基础。（　　）
4. 通过账户间划拨和转移，可以最大限度地节约现钞使用和降低流通成本，加快结算过程和货币资本的周转。（　　）
5. 债券回购是商业银行短期借款的重要方式，包括质押式回购与买断式回购两种。（　　）
6. 同一存款客户只能在银行开立一个一般存款账户。（　　）
7. 期权买方有权在预先规定的时间（行权时间）以预先规定的价格（行权价）从另一方买入一定数量的某种金融资产。简言之，期权买方拥有未来时期对某种金融资产的买入权。（　　）
8. 银行间市场属于大宗交易市场（批发市场），实行多边谈判成交，典型的结算方式是净额结算。（　　）
9. 托收属于银行信用，托收银行与代收银行对托收的款项能否收到负有责任。（　　）
10. 商业银行开展金融创新活动，应遵守行业行为准则和银行员工操守守则，向客户准确、公平、没有误导地进行信息披露，充分揭示与创新产品和服务有关的权利、义务和风险。（　　）
11. 创新的成本往往十分高昂，门槛也在不断提高，所以银行在开展金融创新时要坚持成本可算原则。（　　）
12. 同一交易对手，无论是作为债务人还是保证人，在商业银行内部只能有一个评级。（　　）

13. 一方以欺诈手段订立合同，损害国家利益，该合同属于无效合同，而不是可变更、可撤销合同。 （   ）
14. 促进银行业的合法、稳健运行是银行业监管的唯一目标。 （   ）
15. 银行员工李先生在离职后可将原单位的客户信息带至新单位，以提高业绩。（   ）

模拟试卷（二）参考答案及解析

一、单项选择题

1. 【答案】 D

【解析】垄断竞争的行业的特点是：①生产者众多，各种生产资料可以流动；②生产的产品同种但不同质，即产品之间存在着差异；③由于产品差异性的存在，生产者可以树立自己产品的信誉，从而对自己经营的产品的价格有一定的控制力。AC 两项属于完全垄断行业的特征；B 项属于完全竞争行业的特征。

2. 【答案】 C

【解析】食品业属于防守型行业，防守型行业所提供的产品需求相对稳定，不受经济周期变化影响，无论在经济周期上升阶段或下降阶段，由于稳定的需求和价格，行业的销售收入和利润会呈现基本稳定的态势。

3. 【答案】 A

【解析】区域经济分析主要是从经济发展的角度对区域经济发展的水平及所处的发展阶段、区域产业结构和地域结构进行分析。它是在区域自然条件分析的基础上，进一步对区域经济发展的现状作一个全面的考察、评估。

4. 【答案】 C

【解析】许多国家把调高或降低法定存款准备金率作为紧缩或扩张信用的一个重要手段。

5. 【答案】 D

【解析】节支是紧缩的财政政策，节支的措施主要是压缩政府机构费用开支，抑制公共事业投资，减少各种补贴和救济等福利性支出。其中，福利性支出、财政补贴均属于转移性支出。

6. 【答案】 A

【解析】当中央银行需要增加货币供应量时，可利用公开市场操作买入证券，增加商业银行的超额准备金，通过商业银行存款货币的创造功能，最终导致货币供应量的多倍增加。反之则相反。

7. 【答案】 B

【解析】直接标价法是以一定单位的外币作为标准，来计算应付多少本币的标价方法，又称为应付标价法。目前，世界上绝大多数国家都采用直接标价法，我国人民币汇率也采用这种标价方法。

8. 【答案】 A

【解析】当一国处于国际收支顺差时，说明本国出口增加、外汇收入增加，而进口减少、外汇支付减少，这时，外汇供给大于支出，从而造成本币对外升值，外汇汇率下跌。

9. 【答案】　A

【解析】上海证券交易所于1990年12月29日开业。

10. 【答案】　C

【解析】中国证券业协会在国家对证券业实行集中统一管理的前提下，进行证券自律管理。

11. 【答案】　B

【解析】按交割时间划分，金融市场可分为现货市场和期货市场。现货市场是当日成交，当日、次日或隔日等几日内进行交割（一方支付款项、另一方交付证券等金融工具）的市场，期货市场是进行期货交易的场所，是将款项和证券等金融工具的交割放在成交后的某一约定时间（如一个月、两个月、三个月或半年等，一般在一个月以上、一年之内）进行的市场。

12. 【答案】　C

【解析】间接融资市场是指通过银行等信用中介机构进行资金融通的市场。融资活动一般要通过金融中介机构进行，资金的供求双方不直接见面、不发生直接的债权债务关系，而是由金融机构以债权人和债务人的身份介入其中，实现资金余缺的调剂。

13. 【答案】　C

【解析】回购协议是指交易的一方将持有的债券卖出，并在未来约定的日期以约定的价格将债券买回的协议。

14. 【答案】　B

【解析】最后贷款人的援助对象是暂时出现流动性不足但仍然具有清偿力的金融机构。最后贷款人没有责任救助那些因管理不善出现清偿力危机而资不抵债的金融机构。但应减轻单个金融机构失败引发的溢出效应、传染效应。所以，为了避免道德风险，应只向暂时出现流动性不足但仍然具有清偿力的机构提供援助出现清偿力危机，则表明银行已经濒临破产倒闭，一般不应施以救助。

15. 【答案】　D

【解析】中国农业发展银行的主要任务：按照国家的法律法规和方针政策，以国家信用为基础，筹集农业政策性信贷资金，承担国家规定的农业政策性金融业务，代理财政性支农资金的拨付，为农业和农村经济发展服务。

16. 【答案】　C

【解析】A项，中国银行不是政策性银行；B项，中国农业发展银行承担农业政策性贷款的任务；D项，国家开发银行承担国家重点建设项目融资的任务。

17. 【答案】　D

【解析】汽车金融公司是指经中国银行业监督管理委员会批准设立的为中国境内的汽车购买者及销售者提供金融服务的非银行金融机构。与其他金融机构相比，汽车金融公司的优势在于对车辆和品牌经销商足够了解，回收车辆处置更便利。

18. 【答案】　D

【解析】我国《商业银行法》规定，商业银行以"安全性、流动性、效益性"为经营原则，实行自主经营，自担风险，自负盈亏，自我约束。

19. 【答案】　B

【解析】村镇银行是指由境内外金融机构、境内非金融企业法人、境内自然人出资，在农村地区设立的主要为当地农民、农业和农村经济发展提供金融服务的银行业金融机构。

20. 【答案】　A

【解析】考察进口押汇的定义。

21. 【答案】　B

【解析】银行外汇牌价表中的现汇买入价/现钞买入价/现汇卖出价/现钞卖出价都是以银行为主体的表示方法。现汇是指可自由兑换的汇票、支票等外币票据。现钞是具体的、实在的外国纸币、硬币。现汇买入价（汇买价）是银行买入外汇的价格；现钞买入价（钞买价）是银行买入外币现钞的价格；现汇卖出价（汇卖价）是银行卖出外汇的价格；现钞卖出价（钞卖价）是银行卖出外币现钞的价格。

22. 【答案】　B

【解析】A项，分次存入，到期一次支取本金和利息。C项，本金合计最高限额为2万元。D项，一年期、三年期教育储蓄按开户日同期同档次整存整取定期储蓄存款利率计息；六年期按开户日五年期整存整取定期储蓄存款利率计息。

23. 【答案】　D

【解析】我国商业银行的存款中的外币存款分类：①按存款客户类型，可分为外汇储蓄存款和单位外汇存款；②按存期，可分为活期存款和定期存款；③按账户种类，可分为经常项目外汇账户和资本项目外汇账户。

24. 【答案】　C

【解析】逾期支取的定期存款，超过原定存期的部分，除约定自动转存外，按支取日挂牌公告的活期存款利率计付利息，并全部计入本金。计息期有整年（月）又有零头天数的，计息公式为：利息＝本金×年（月）数×年（月）利率＋本金×零头天数×日利率。可得：利息＝$5000×2.70\%×0.5+5000×0.72\%×20/360=69.5$（元）。

25. 【答案】　D

【解析】上海银行间同业拆放利率（Shibor），以位于上海的全国银行间同业拆借中心为技术平台计算、发布并命名，是由信用等级较高的银行组成报价团自主报出的人民币同业拆出利率计算确定的算术平均利率，是单利、无担保、批发性利率。

26. 【答案】　B

【解析】次级类贷款：借款人的还款能力出现明显问题，完全依靠其正常经营收入无法足额偿还贷款本息，即使执行担保，也可能会造成一定损失的贷款。

27. 【答案】　C

【解析】商业银行为票据持有人贴现票据，是商业银行通过买进未到期的商业票据，为持票人融通资金的行为。

28. 【答案】　A

【解析】信用证是一种有条件的银行支付承诺。

29. 【答案】　A

【解析】国债是国家为筹措资金而向投资者出具的书面借款凭证，承诺在一定的时期内按约定的条件，按期支付利息和到期归还本金。

30. 【答案】 B
【解析】持有期收益率＝（出售价格－购买价格＋利息）/购买价格×100%＝（120－100）/100＝20%。

31. 【答案】 B
【解析】具体计算为：1000×31×0.5‰＝15.50（元）。因5月份有31日，故从5月30日到6月30日，应是31天。

32. 【答案】 D
【解析】银团牵头行是指经借款人同意，负责发起组织银团、分销银团贷款份额的银行，是银团贷款的组织者和安排者。按照牵头行对贷款最终安排额所承担的责任，银团牵头行分销银团贷款可以分为全额包销、部分包销和尽最大努力推销三种类型。

33. 【答案】 B
【解析】银行间市场是债券市场的主体，债券存量约占全市场的95%，这一市场参与者是各类机构投资者，属于大宗交易市场（批发市场），实行双边谈判成交，典型的结算方式是逐笔结算。

34. 【答案】 B
【解析】中央银行票据简称央行票据或央票，是指中国人民银行面向全国银行间债券市场成员发行的、期限一般在三年以内的中短期债券。

35. 【答案】 D
【解析】商业银行柜台市场是银行间市场的延伸，属于零售市场。商业银行柜台市场的交易品种主要是现券交易。

36. 【答案】 A
【解析】记账式国债有交易所、银行间债券市场、商业银行柜台市场三个发行及流通渠道，二级市场非常发达，交易方便，是商业银行证券投资的主要对象。

37. 【答案】 D
【解析】按照用途划分，固定资产贷款一般包括如下四类：①基本建设贷款；②技术改造贷款；③科技开发贷款；④商业网点贷款。其中，商业网点贷款是指商业、餐饮、服务企业，为扩大网点、改善服务设施、增加仓储面积等所需资金，在自筹建设资金不足时向银行申请的贷款。

38. 【答案】 A
【解析】托管业务包括资产托管业务和代保管业务。

39. 【答案】 B
【解析】题中的资金收付业务属于支付结算业务。支付结算业务是银行的中间业务，主要收入来源是手续费收入。

40. 【答案】 D
【解析】A项，旅行支票可在世界各大银行、兑换网点兑换现金，可在国际酒店、餐厅等消费场所直接付账而无须支付任何费用，使用便捷类似于现金；B项，普通支票可以支取现金，也可以转账，在普通支票左上角划两条平行线的为划线支票，划线支票只能转账，不能取现；C 项，现金支票只能用来支取现金；D 项，转账支票只能用于转账，不能支取现金。

41．【答案】 B

【解析】考察本票定义。

42．【答案】 B

【解析】信用卡的持有者在指定的商场、饭店购物之后，无须以现金货币支付款项，而只需要以信用卡进行转账结算。转账结算是信用卡最主要的功能。

43．【答案】 D

【解析】非保本浮动收益理财产品是最符合理财业务本质特征的一类理财产品，也是目前银行理财产品的主体。

44．【答案】 A

【解析】保证收益理财产品是指商业银行按照约定条件向客户承诺支付固定收益，银行承担由此产生的投资风险，或银行按照约定条件向客户承诺最低收益并承担相关风险，其他投资收益由银行和客户按照合同约定分配，并共同承担相关投资风险的理财计划。B 项，非保证收益理财计划包括非保本浮动收益理财计划和保本浮动收益理财计划；C 项只能保证本金的安全，收益仍有较高的风险；D 项的本金和收益都得不到保证，风险最高。

45．【答案】 C

【解析】标准化金融工具是指有明确的监管部门或行业自律组织、有明确的交易市场、有既定的投资品设立指引和交易规则、有清晰的资产托管和清算制度、有明确的估值和定价标准、具有合理公允价值和较高流动性的金融资产或金融工具。具体包括但不限于权益类金融工具、固定收益类金融工具、货币市场工具、衍生类金融工具、外汇类及境外投资金融工具、贵金属类金融工具等。C 项，承兑汇票属于非标准化债权资产。

46．【答案】 D

【解析】D 项，资产证券化具有以下特征：①资产证券化是一种资产收入导向型、低成本、结构性的融资方式；②资产证券化是一种表外融资方式和增加企业价值的融资方式；③资产证券化是一种流动性风险的管理手段。

47．【答案】 C

【解析】银行进行客户教育，就是要提高客户（更广泛地说是社会公众）的金融素质，其内容有：①要为客户提供相关信息和培训，使他们具备理解各类金融产品和服务的知识；②在了解"卖者有责"的基础上，也要使客户接受和遵循"买者自负"这一市场经济基本原则。

48．【答案】 D

【解析】商业银行开展金融创新，需要遵循如下一些基本原则：①合法合规原则；②公平竞争原则；③知识产权保护原则；④成本可算原则；⑤风险可控原则；⑥信息充分披露原则；⑦维护客户利益原则；⑧四个"认识"原则。D 项，客户资产隔离只是银行金融创新中"维护客户利益"原则的一项具体要求。

49．【答案】 A

【解析】银行业务的核心是管理风险,银行的很多创新在本质上就是风险管理方式的创新。为了保证银行的安全和整个金融体系的稳定,银行创新时必须保证风险可控。

50. 【答案】 C

【解析】拨备前利润是银行常用的财务指标,是银行在经营中已经构成的风险和损失作出的准备,定期提取的贷款和资产准备金。

51. 【答案】 D

【解析】风险调整后资本回报率是银行进行价值管理的核心指标。

52. 【答案】 C

【解析】衡量流动性的主要指标有:流动性比例、存贷比、流动性覆盖率和净稳定资金比例。其中,流动性比例是最常用的财务指标,它用于测量企业偿还短期债务的能力。计算公式为:流动性比例 = $\frac{流动性资产余额}{流动性负债余额} \times 100\%$。

53. 【答案】 C

【解析】每股收益即 EPS,指税后利润与股本总数的比率。计算公式为:每股收益 = $\frac{本期净利润}{期末总股本}$。该比率反映了银行每一股份创造的税后利润。若银行只有普通股时,净收益是税后净利,股份数是指流通在外的普通股股数。如果银行还有优先股,应从税后净利中扣除分派给优先股股东的利息。所以该银行每股收益 = (2000 - 300)/200 = 8.5(元/股)。

54. 【答案】 B

【解析】商业银行应建立与其经营范围、组织结构和业务规模相适应的合规风险管理体系。合规风险管理体系应包括以下基本要素:①合规政策;②合规管理部门的组织结构和资源;③合规风险管理计划;④合规风险识别和管理流程;⑤合规培训与教育制度。

55. 【答案】 D

【解析】商业银行公司治理是指股东大会、董事会、监事会、高级管理层、股东及其他利益相关者之间的相互关系,包括组织架构、职责边界、履职要求等治理制衡机制,以及决策、执行、监督、激励约束等治理运行机制。

56. 【答案】 A

【解析】商业银行公司治理是指股东大会、董事会、监事会、高级管理层、股东及其他利益相关者之间的相互关系。其中,董事会对银行总体负责,包括审核监督银行战略目标、风险战略、公司治理和企业价值的实施情况,董事会同时应负责对高管层实施监督。

57. 【答案】 C

【解析】董事会会议应当有商业银行全体董事过半数出席方可举行。董事会做出决议,必须经商业银行全体董事过半数通过;对利润分配方案、重大投资、重大资产处置方案、聘任或解聘高级管理人员、资本补充方案、重大股权变动以及财务重组等重大事项,应当由董事会 2/3 以上董事通过方可有效。

58. 【答案】 D

【解析】商业银行高级管理人员以及对风险有重要影响岗位上的员工,其绩效薪酬的40% 以上应采取延期支付的方式,且延期支付期限一般不少于 3 年,其中,主要高级管理人员绩效薪酬的延期支付比例应高于50%。

59. 【答案】　C

【解析】在新的社会经济环境、新金融市场环境以及新的全球监管要求下，随着商业银行综合化经营范围的拓宽和国际化业务的推进，商业银行资产负债管理的对象和内涵也不断扩充，呈现出"表内外、本外币、集团化"的趋势。

60. 【答案】　B

【解析】资产负债组合管理包括资产组合管理、负债组合管理和资产负债匹配管理三个部分。其中，资产负债匹配管理立足资产负债管理，以流动性指标、资本充足率和资产负债相关项目的关联关系等为约束条件，进行资产负债匹配管理，持续优化资产负债组合配置的成本收益结构和期限结构。

61. 【答案】　A

【解析】商业银行资产负债管理的整体目标是，在承受合理的缺口与流动性风险的前提下，追求银行价值最大化。

62. 【答案】　C

【解析】缺口管理又称利率敏感性缺口管理法，是利率风险管理的重要工具。

63. 【答案】　A

【解析】收益率曲线呈一条水平线，表示长期利率和短期利率相等；收益率曲线向上倾斜，表示长期利率高于短期利率；收益率曲线向下倾斜，表示长期利率低于短期利率；驼峰收益率曲线表示期限相对较短的债券，利率与期限呈正向相关，期限较长的债权，利率与期限呈反向相关。

64. 【答案】　D

【解析】一级资本的来源最常用的方式是发行普通股和提高留存利润。普通股是银行核心一级资本主要内容，但发行普通股成本通常较高，且银行不能经常采用；留存利润是银行增加一级资本最便捷的方式，相对于发行股票来说，其成本相对要低得多。

65. 【答案】　D

【解析】D项，式中12.5即为8%的倒数。按最低资本要求（8%的资本充足率）所计算出的市场风险和操作风险所需资本，再乘12.5倍即将两项资本之和换算为风险加权资产。最后，再与信用风险加权资产相加，即全部风险加权资产。

66. 【答案】　D

【解析】与权重法相比，资本计量的高级方法（如信用风险内部评级法）能更加敏感、准确地反映风险，对风险管理水平高、资产结构合理的商业银行而言，采用资本计量的高级方法后能够适度降低风险加权资产、节约资本。

67. 【答案】　C

【解析】置信水平（又叫置信度）是一个事先确定的概率，用于表述突破这个概率时银行面临的损失大小。置信水平与银行风险偏好有关，对风险厌恶型银行来说，通常选择的置信水平就相对较高，因此计量得出的经济资本就较大。

68. 【答案】　A

【解析】《商业银行资本管理办法（试行）》将商业银行资本充足率监管要求分为四个

层次：第一层次为最低资本要求，即核心一级资本充足率、一级资本充足率和资本充足率分别为5%、6%和8%；第二层次为储备资本要求和逆周期资本要求，分别为2.5%和0~2.5%；第三层次为系统重要性银行附加资本要求，为1%；第四层次为第二支柱资本要求，确保资本充分覆盖所有实质性风险。

69. 【答案】　D

【解析】　风险分散是通过多样化的投资来分散和降低风险的方法，也就是"不要将所有的鸡蛋放在一个篮子里"。商业银行的业务不应过多集中于同一客户、同一行业或同一区域，通常银行可采取限额管理的方法，避免风险敞口的过于集中。

70. 【答案】　C

【解析】　风险文化，又称风险管理文化，是一种融合现代商业银行经营思想、风险管理理念、风险管理行为、风险控制标准与风险管理环境等要素于一体的文化力，是商业银行企业文化的重要组成部分，也是商业银行稳健经营与可持续发展的基础。

71. 【答案】　C

【解析】　商业银行采用内部评级法计算信用风险加权资产，应该通过内部评级确定每个非零售风险暴露债务人和债项的风险等级。其中，债务人评级范围要包括所有的债务人与保证人。

72. 【答案】　D

【解析】　开展与银行业监督管理有关的国际交流、合作活动，是银监会的职责。

73. 【答案】　C

【解析】　银监会对银行业金融机构的变更、终止申请，应当在自收到申请文件之日起3个月内作出批准或者不批准的书面决定。

74. 【答案】　D

【解析】　保证期间，债权人依法将主债权转让给第三人的，保证人在原保证担保的范围内继续承担保证责任。因此，丙公司继续对设备贷款300万元承担保证责任，对追加的20万元不承担保证责任。

75. 【答案】　A

【解析】　合同成立和生效的区别在于性质不同，合同成立是事实问题，合同生效是法律评价问题。

76. 【答案】　D

【解析】　根据《物权法》第二百一十二条规定，质权自出质人交付质押财产时设立。

77. 【答案】　C

【解析】　表见代理是指无权代理人的代理行为客观上存在使相对人相信其有代理权的情况，且相对人主观上为善意，因而可以向被代理人主张代理的效力。题中张强的行为符合表见代理的适用条件，该合同有效。

78. 【答案】　D

【解析】　票据的特征：票据是完全有价证券、要式证券、无因证券、流通证券、文义证券、设权证券和债权证券。

79. 【答案】　A

【解析】公司资本，是股东为达到公司目的所实施的财产出资的总额。公司资本制度是《公司法》确认的资本筹措与运营的重要制度。我国公司资本制度的特点是：①资本法定；②强调公司必须有相当的财产与其资本总额相维持；③强调公司资本不得任意变更。

80. 【答案】 C

【解析】根据《证券法》第十条第一款规定，公开发行证券，必须符合法律、行政法规规定的条件，并依法报经国务院证券监督管理机构或者国务院授权的部门核准；未经依法核准，任何单位和个人不得公开发行证券。据此，我国证券公开发行实行的是核准制。

81. 【答案】 D

【解析】集资诈骗罪的客观方面表现为非法集资的行为，即公司、企业、个人或其他组织未经合法批准，向社会公众或者集体募集资金的行为。D项是非法吸收公众存款罪客观方面的表现之一。

82. 【答案】 B

【解析】B项，开除公职属于行政处分。

83. 【答案】 A

【解析】行政强制措施，是指行政机关在行政管理过程中，为制止违法行为、防止证据损毁、避免危害发生、控制危险扩大等情形，依法对公民的人身自由实施暂时性限制，或者对公民、法人或者其他组织的财物实施暂时性控制的行为。行政强制执行，是指行政机关或者行政机关申请人民法院，对不履行行政决定的公民、法人或者其他组织，依法强制履行义务的行为。行政强制措施与行政强制执行都是以强制的方式实现行政目的。

84. 【答案】 C

【解析】行政强制措施，是指行政机关在行政管理过程中，为制止违法行为、防止证据损毁、避免危害发生、控制危险扩大等情形，依法对公民的人身自由实施暂时性限制，或者对公民、法人或者其他组织的财物实施暂时性控制的行为。根据《行政强制法》，我国行政强制措施的种类有：①限制公民人身自由；②查封场所、设施或者财物；③扣押财物；④冻结存款、汇款；⑤其他行政强制措施。

85. 【答案】 B

【解析】行政许可的被许可人需要延续依法取得的行政许可的有效期的，一般可以在行政许可有效期届满30日前向行政机关提出延续行政许可的申请。

86. 【答案】 D

【解析】法律可以设定各种行政处罚，且限制人身自由的行政处罚，只能由法律设定。

87. 【答案】 C

【解析】非现场监管，是指监管部门对金融机构报送的数据、报表和有关资料，以及通过其他渠道（如媒体、定期会谈等）取得的信息，进行整理和综合分析，并通过一系列风险监测和评价指标，对金融机构的经营风险做出初步评价和早期预警。

88. 【答案】 D

【解析】非现场风险分析的主要内容包括：①资产质量分析；②资本充足性分析；③流动性分析；④市场风险的分析；⑤盈亏分析等方面。

89. 【答案】 A

【解析】商业银行组织构架的选择，需要综合考虑商业银行发展战略、经营规模、外部经济政治环境以及相关监管法律等内外部多重因素。

90. 【答案】 D

【解析】国际上一些银行自律组织对银行业的发展和协调过程中发挥着重要作用，如国际清算银行、美国银行家协会和香港银行公会等。

二、多项选择题

1. 【答案】 ABD

【解析】一般来说，衡量通货膨胀的常用指标是消费者物价指数、生产者物价指数和国内生产总值物价平减指数。

2. 【答案】 ABCE

【解析】经济全球化的主要表现是：生产活动全球化，生产要素在全球范围内配置；金融国际化进程加快，各国的金融日益融合在一起；投资活动遍及全球并成为经济发展和增长的新支点；跨国公司的作用进一步加强。

3. 【答案】 ABCDE

【解析】考察存款利率的相关知识。

4. 【答案】 ACD

【解析】外汇一般常指自由外汇，作为自由外汇必须同时具备以下特征：①以外币表示的外国金融资产；②在国外能够得到偿付的货币债权；③可以兑换成其他支付手段的外币资产。

5. 【答案】 ACE

【解析】票据是约定由债务人按期无条件支付一定金额，并可以转让流通的债务凭证。票据主要有三类，即汇票、本票、支票。

6. 【答案】 BDE

【解析】与传统的定期存款相比，大额可转让定期存单具有以下不同的特点：①定期存款记名而且不可以转让，没有特定的流通市场；大额可转让定期存单则是不记名而且可以转让，有专门的大额可转让定期存单二级市场可以进行流通转让。②定期存款金额往往根据存款人意愿决定，数额大小并不固定；大额可转让定期存单则一般面额固定，而且都比较大。③定期存款可以提前支取，只是所得利息要低于原来的固定利率计算的利息；大额可转让定期存单不可提前支取，但可以在二级市场上转让。

7. 【答案】 DE

【解析】H股是指由中国境内注册的公司发行、直接在中国香港上市的股票。N股是指由中国境内注册的公司发行、直接在美国纽约上市的股票。

8. 【答案】 ACDE

【解析】B项，证券回购是货币市场上收益较高、流动性较强、风险较低的融资工具。出售方付给购买方的利息由买卖双方事先确定，与作为抵押品被买卖的证券本身的利率无关。由于证券回购采取了证券抵押的形式，所以其利率一般比同业拆借利率低。

9. 【答案】 ADE

【解析】B 项，我国境内设立的商业银行、农村合作银行、农村信用合作社等吸收存款的银行业金融机构，均应当依照《存款保险条例》的规定投保存款保险；C 项，被保险存款包括投保机构吸收的人民币存款和外币存款。

10. 【答案】　ABCD

【解析】企业集团财务公司，是为企业集团成员单位提供财务管理的非银行金融机构。题中 ABCD 四项由该机构的性质和创设目的所决定。

11. 【答案】　ADE

【解析】一般存款账户是指存款人因借款或其他结算需要，在基本存款账户开户银行以外的银行营业机构开立的银行结算账户，因此可以办理转账结算及借款相关的业务，可以办理现金缴存，但不得办理现金支取（包括现金取息）。

12. 【答案】　ABCE

【解析】考察现金资产业务的 3 项类型。

13. 【答案】　ABDE

【解析】商业银行发行金融债券应具备以下条件：①具有良好的公司治理机制；②核心资本充足率不低于 4%；③最近三年连续盈利；④贷款损失准备计提充足；⑤风险监管指标符合监管机构的有关规定；⑥最近三年没有重大违法、违规行为；⑦中国人民银行要求的其他条件。

14. 【答案】　ABC

【解析】考察流动资金贷款按期限划分的 3 种类型。

15. 【答案】　BC

【解析】按出票人不同，票据贴现业务又可分为银行承兑汇票贴现和商业承兑汇票贴现。银行承兑汇票是指由承兑申请人签发并向开户银行申请，经银行审查同意承兑的商业汇票。商业承兑汇票是指由付款人或收款人签发，付款人作为承兑人承诺在汇票到期日，对收款人或持票人无条件支付汇票金额的票据。

16. 【答案】　ACDE

【解析】个人贷款主要分为四大类，即个人住房贷款、个人消费贷款、个人经营贷款和个人信用卡透支。其中，个人住房贷款主要包括：①个人住房按揭贷款；②二手房贷款；③公积金个人住房贷款；④个人住房组合贷款。B 项，个人权利质押贷款属于个人消费贷款。

17. 【答案】　BCDE

【解析】金融衍生品是一种金融合约，其价值取决于一种或多种基础资产或指数，合约的基本种类包括远期、期货、掉期（互换）和期权。金融衍生品还包括具有远期、期货、掉期（互换）和其中一种或多种特征的结构化金融工具。A 项，汇兑又称"汇兑结算"，是指企业（汇款人）委托银行将其款项支付给收款人的结算方式。

18. 【答案】　BC

【解析】信用卡以信用为基础，可以透支；而借记卡不以信用为基础，不可以透支。信用卡和借记卡都收取利息，都可以取现。借记卡和信用卡中的准贷记卡都需要预先存款。

19. 【答案】　ABD

【解析】银行的代理业务包括：①代收代付业务；②代理银行业务；③代理保险业务；④代理证券业务；⑤其他代理业务。代理国债买卖和委托贷款均属于其他代理业务。C项，银行保函属于银行的担保业务；E项，信用证属于银行的支付结算业务。

20. 【答案】 ABCE

【解析】离岸银行业务的主要服务对象为：①非居民客户，指在境外（含港、澳、台地区）的自然人、法人（含在境外注册的中国境外投资企业）、政府机构、国际组织及其他经济组织，包括中资金融机构的海外分支机构，但不包括境内机构的境外代表机构和办事机构，即离岸银行业务的主要服务对象为境外公司（含离岸公司）和境外个人。②居民客户，指在境内注册成立的企业，经监管部门批准，也可开立离岸账户、办理离岸业务。

21. 【答案】 CD

【解析】C项，支票上未注明"现金"或"转账"字样的为普通支票；D项，在普通支票左上角划两条平行线的为划线支票，划线支票只能转账，不能取现。

22. 【答案】 ACD

【解析】商业银行应比照自营贷款管理流程，对非标准化债权资产投资进行投前尽职调查、风险审查和投后风险管理。商业银行不得为非标准化债权资产或股权性资产融资提供任何直接或间接、显性或隐性的担保或回购承诺。

23. 【答案】 BCDE

【解析】A项，互联网金融是以点对点直接交易为基础进行金融资源配置。

24. 【答案】 AB

【解析】A项，P2P平台有"一对多"、"多对多"、"一对一"、"多对一"四种交易模式；B项，贷款的利率或者是由放贷人竞标确定或者是由平台根据借款人的信誉情况和银行的利率水平提供参考利率。

25. 【答案】 ABCE

【解析】微观层面的金融创新仅指金融工具的创新。大致可分为信用创造型创新（如用短期信用来实现中期信用、分散投资者风险的票据发行便利等）；风险转移型创新（如货币互换、利率互换等）；增强流动性创新（如长期贷款的证券化等）；股权创造型创新（如附有股权认购书的债券等）。

26. 【答案】 ABCDE

【解析】从发展趋势看，资产管理行业和金融市场格局的演变带来社会融资方式的改变和金融脱媒的深化，推动商业银行实现四大转变，成为横跨各金融领域的综合金融服务提供商。四大转变是指：①从资金提供者转变为资金组织者；②从主要参与货币市场到同时涉足资本市场；③从资产持有转变为资产持有与管理并重；④从交易为主转变为交易服务并重。

27. 【答案】 ABDE

【解析】建立垂直化风险管理体系包括：①建立垂直化的组织运作机制；②将风险管理职能进一步向总行本部集中，减少不必要的中间层级，逐步形成横向延展、纵向深入的扁平化矩阵模式；③提高风险管理的专业化水平，在总行本部设立专业化评估中心和审批中心；④建立重大风险事项管理和应急处理机制，实现对全行风险的统筹和集约化管理。

28. 【答案】 ABCDE

【解析】商业银行的内部控制措施主要包括：①内控制度；②风险识别；③信息系统；④岗位设置；⑤员工管理；⑥授权管理；⑦会计核算；⑧监控对账；⑨外包管理；⑩投诉处理。

29. 【答案】 ABC

【解析】监事会由职工代表出任的监事、股东大会选举的外部监事和股东监事组成。DE两项属于高级管理层的成员。

30. 【答案】 ABCE

【解析】投融资和票据转贴现业务管理要坚持科学规划、统一管理、集约经营、综合发展的原则，构建符合现代商业银行要求的投融资和票据转贴现业务管理体制和经营机制，实现对银行投融资和票据转贴现业务的制度规范、流程合规、价格引导、授权管理、计划管理和实时监督控制。

31. 【答案】 BCE

【解析】资金管理是对商业银行全部资金来源与运用的统一管理，是优化资金配置，引导资金合理流动，促进资金营运流动性、安全性、效益性协调统一的重要手段。

32. 【答案】 ABC

【解析】规定银行的资本与风险加权资本之比不得低于8%，其中核心资本与风险加权资产之比不得低于4%。

33. 【答案】 BD

【解析】A项，经济资本是根据银行资产的风险程度计算出来的虚拟资本，即银行所"需要"的资本，或"应该持有"的资本，而不是银行实实在在拥有的资本；C项，资产减去负债后的余额是会计资本，也称账面资本；E项，维持金融体系稳定必须持有的资本是监管资本。

34. 【答案】 DE

【解析】资本规划的制定要统筹考虑银行的资本需求与供给情况。在资本供给方面，应考虑各种资本补充来源的长期可持续性，优先考虑补充核心一级资本，增强内部资本积累能力，完善资本结构，提高资本质量；此外，还需要通过严格和前瞻性的压力测试，测算不同压力条件下的资本需求和资本可获得性，并制订资本应急预案以满足计划外的资本需求，确保银行具备充足资本应对不利的市场条件变化。ABC三项属于资本需求方面应考虑的内容。

35. 【答案】 BCE

【解析】与非零售风险暴露相比，零售风险暴露具有笔数大、单笔风险暴露较小、风险分散的显著特点，这一特点决定了商业银行普遍采用组合的方式对零售业务进行管理。

36. 【答案】 AD

【解析】当某一时段内的负债大于资产（包括表外业务头寸）时，就产生了负缺口，此时利率上升会导致净利息收入下降；相反，当某一时段内的资产（包括表外业务头寸）大于负债时，就产生了正缺口，此时利率下降会导致净利息收入下降。

37. 【答案】 CDE

【解析】操作风险管理工具和手段主要有操作风险与控制自评估（RCSA）、关键风险指标（KRI）、损失数据库（LD）等。A项，应急计划是流动性风险的管控手段；B项，交易限额是市场风险的管控手段。

38. 【答案】 DE
【解析】根据不同的划分标准，保险可以进行如下分类：①按照保险的实施方式，保险可以分为自愿保险和强制保险；②按照保险对象的不同，保险可以分为财产保险和人身保险；③按照保险实施范围的不同，保险可以分为社会保险和普通保险；④按照保险承担的责任次序，保险可以分为原保险和再保险。

39. 【答案】 ABCE
【解析】根据《行政强制法》，我国行政强制执行的方式有：①加处罚款或者滞纳金；②划拨存款、汇款；③拍卖或者依法处理查封、扣押的场所、设施或者财物；④排除妨碍、恢复原状；⑤代履行；⑥其他强制执行方式。E项属于行政强制措施。

40. 【答案】 BCDE
【解析】骆驼评级体系的五项考核指标分别为：①资本充足性（Capital Adequacy）；②资产质量（Asset Quality）；③管理水平（Management）；④盈利水平（Earnings）；⑤流动性（Liquidity）。

三、判断题

1. 【答案】 A
【解析】一般来说，如果经济处于繁荣时期，银行业整体的经营状况就会比较好；如果经济处于严重的衰退与萧条之中，那么银行业整体上也难以保持健康。

2. 【答案】 B
【解析】存款准备金制度的初始作用是防止商业银行盲目发放贷款，保证其清偿能力，保护客户存款的安全，以维持整个金融体系的正常运行，以及保证存款的支付和清算，后来逐渐演变成为货币政策工具。

3. 【答案】 B
【解析】现代商业票据大多已和商品交易脱离关系，演变为一种专供在货币市场上融资的票据，发行人与投资者成为一种单纯的债务和债权关系，从而摆脱了商品买卖与劳务供应关系。

4. 【答案】 A
【解析】商业银行为客户办理支付、结算等业务时，主要方式是账户间划拨和转移，从而最大限度地节约现钞使用和降低流通成本，加快结算过程和货币资本的周转，为社会化大生产的顺利进行提供有利条件。

5. 【答案】 A
【解析】债券回购是商业银行短期借款的重要方式，包括质押式回购与买断式回购两种。与纯粹以信用为基础、没有任何担保的同业拆借相比，债券回购的风险要低得多，对信用等级相同的金融机构来说，债券回购利率一般低于拆借利率。

6. 【答案】 B
【解析】同一存款客户只能在商业银行开立一个基本存款账户，但开立一般存款账户没有数量限制。

7. 【答案】 B

【解析】期权也称为选择权，期权买方既有买入权或卖出权，即在行权时间，以行权价格可从另一方买入或向另一方卖出一定数量的某种金融资产。

8. 【答案】 B

【解析】银行间市场属于大宗交易市场（批发市场），实行双边谈判成交，典型的结算方式是逐笔结算。交易所市场典型的结算方式是实行净额结算。

9. 【答案】 B

【解析】托收属于商业信用，托收银行与代收银行对托收的款项能否收到不承担责任。

10. 【答案】 A

【解析】银行创新产品的复杂程度越来越高，为了便于客户在不同产品之间进行妥善的选择，银行必须遵守行业行为准则和银行员工操守守则，向客户准确、公平、没有误导地进行信息披露，充分揭示与创新产品和服务有关的权利、义务和风险。

11. 【答案】 A

【解析】创新是一项高投入的活动。持续且能创造价值的创新，需要专门的人才、专项的投入、周密的计划和组织，因此，创新的成本往往十分高昂，而且随着市场竞争的不断加剧，创新的门槛还会不断提高。银行在开展金融创新时，要尽可能保证其成本能够比较准确地核算，避免创新活动偏离银行的经营目标。

12. 【答案】 A

【解析】债务人评级范围要包括所有的债务人与保证人；同一交易对手，无论是作为债务人还是保证人，在商业银行内部只能有一个评级。对债务人的每笔债项均应进行评级。

13. 【答案】 A

【解析】一方以胁迫、欺诈的手段订立的合同，损害国家利益的，属于无效合同；因欺诈而订立的合同，属于可变更、可撤销合同。

14. 【答案】 B

【解析】我同银行业监督管理的目标是：促进银行业的合法、稳健运行，维护公众对银行业的信心同时，提出银行业监督管理应当保证银行业公平竞争，提高银行业竞争能力。

15. 【答案】 B

【解析】银行员工在离职后，仍应恪守诚信，保守原所在机构的商业秘密和客户隐私。

全国银行业专业人员职业资格考试热题库

《银行业法律法规与综合能力（中级）》模拟试卷（三）

一、单项选择题（共 90 题，每小题 0.5 分，共 45 分。以下各小题所给出的四个选项中，只有一项符合题目要求，请选择相应选项，不选、错选均不得分）

1. 通货膨胀是指一般物价水平在一段时间内（　　）地上涨。
   A. 持续、快速　　B. 持续、普遍　　C. 持续、平稳　　D. 持续、全面
2. 下列属于资本项目的是（　　）。
   A. 劳务收支　　B. 企业信贷　　C. 单方面转移　　D. 捐赠
3. （　　）主要是从经济发展的角度对区域经济发展的水平及所处的发展阶段、区域产业结构和地域结构进行分析。
   A. 区域发展条件分析　　　　B. 区域发展分析
   C. 区域经济分析　　　　　　D. 区域发展背景分析
4. 以下属于国民经济产业结构中第二产业的是（　　）。
   A. 采矿业　　　　　　　　　B. 地质勘察业
   C. 房地产业　　　　　　　　D. 科学研究、技术服务业
5. 中央银行提高法定存款准备金率时，在市场上引起的反应为（　　）。
   A. 商业银行可用资金减少，贷款上升，导致货币供应量增多
   B. 商业银行可用资金增多，贷款上升，导致货币供应量增多
   C. 商业银行可用资金减少，贷款下降，导致货币供应量减少
   D. 商业银行可用资金增多，贷款下降，导致货币供应量减少
6. 下列关于商业银行创造存款货币的能力的说法，正确的是（　　）。
   A. 现金漏损率越高，商业银行创造存款货币的数量越多
   B. 法定存款准备金率越高，商业银行创造存款货币的数量越少
   C. 超额准备金与活期存款总额同向变化
   D. 定期存款的存款准备金率越高，商业银行创造存款货币的数量越多
7. "太多的货币追求太少的商品"，从而导致一般物价水平上涨，这种情形属于（　　）通货膨胀。
   A. 成本推进型　　B. 需求拉上型　　C. 结构型　　D. 隐蔽型
8. 作为调节对象和监测货币政策效果的金融指标是（　　）。
   A. 货币政策工具　　　　　　B. 货币政策最终目标
   C. 货币政策中介目标　　　　D. 货币政策操作目标
9. 发行市场和流通市场的主要区别是（　　）。

A. 金融工具交割日期不同 B. 融资方式不同
C. 交易的阶段不同 D. 交易工具类型不同

10. 根据《银行业监督管理法》规定，银行业金融机构是指在中华人民共和国境内设立的（　　）。
    A. 商业银行、证券公司、保险公司、信托公司
    B. 商业银行、政策性银行、金融资产管理公司、信托投资公司
    C. 商业银行、财务公司、信托投资公司、金融租赁公司
    D. 商业银行、城市信用合作社、农村信用合作社、政策性银行

11. 关于CDs与CDs市场，下列说法正确的是（　　）。
    A. 是可转让大额定期存单转让而非发行的市场
    B. 到期时，CDs持有人只能向银行提取利息，不能提取本金
    C. CDs面额一般较小
    D. CDs一般不能提前支取

12. 我国境内注册的公司在香港发行并在香港上市的普通股票称为（　　）。
    A. H股　　　　B. F股　　　　C. B股　　　　D. A股

13. 在我国，为证券交易提供清算、交收和过户服务的法人机构是（　　）。
    A. 财务公司 B. 投资银行
    C. 金融资产管理公司 D. 证券登记结算公司

14. 下列机构中，属于证券市场自律性组织的是（　　）。
    A. 中国证券业协会 B. 中国证券登记结算公司
    C. 中国证券监督管理委员会 D. 中国证券经营机构

15. 存款保险制度是由符合条件的各类存款性金融机构集中起来建立一个保险机构，各存款机构作为投保人按一定存款比例向其缴纳保险费，建立（　　）。
    A. 保险金 B. 风险准备金
    C. 存款保险准备金 D. 存款保证金

16. 中央银行的（　　）、金融监管机构的审慎监管、存款保险制度是构成金融安全网的三大支柱。
    A. 风险准备金制度 B. 保证金制度
    C. 货币政策 D. 最后贷款人制度

17. 下列大型商业银行中，在上海证券交易所上市和香港联合证券交易所同步上市的是（　　）。
    A. 农业银行　　B. 工商银行　　C. 中国银行　　D. 建设银行

18. 下列属于我国财务公司业务的是（　　）。
    A. 投资不动产 B. 代理期货期权业务
    C. 吸收存款 D. 对成员单位贷款

19. 商业银行最基本的职能是（　　）。
    A. 金融服务　　B. 支付中介　　C. 清算中介　　D. 信用中介

20. 定期存款在存期内，若遇到利率调整，则该存款利息（　　）。

A. 按照到期日挂牌公告的利率计算

B. 按照调整日挂牌公告的利率计算

C. 按照存单开户口挂牌公告的利率计算

D. 采取分段计息的办法按照实际天数分别以存单开户日挂牌公告的利率和调整日挂牌公告的利率计算

21. 提前支取的定期储蓄存款,支取部分按( )计可付利息。
   A. 存入日挂牌公告的活期存款利率   B. 支取日挂牌公告的活期存款利率
   C. 支取日挂牌公告的定期存款利率   D. 存入日挂牌公告的定期存款利率

22. 下列关于计算活期存款利息的表述中,正确的是( )。
   A. 利息金额算至分位   B. 本金计息起点为分
   C. 活期存款100元起存   D. 按月度结息,每月20日为结息日

23. 李女士在2015年3月8日分别存入两笔10000元的存款,一笔是1年期整存整取定期存款,假设年利率为2.52%,1年到期后李女士将全部本利以同样利率又存入期限为1年期整存整取定期存款;另一笔是2年期整存整取定期存款,假设年利率为3.06%;2年后,李女士把两笔存款同时取出,这两笔存款分别能取回( )元。(暂免征收利息税)
   A. 10484.50;10581.40   B. 10510.35;10612.00
   C. 10484.50;10612.00   D. 10510.35;10581.40

24. 下面关于外币存款业务与人民币存款业务异同的描述错误的是( )。
   A. 存款币种不同
   B. 具体管理方式不同
   C. 可分为活期存款和定期存款
   D. 只有人民币存款可以按客户类型分为个人存款和单位存款

25. 同业存放和存放同业分别属于商业银行的( )。
   A. 资产业务;负债业务   B. 负债业务;资产业务
   C. 中间业务;负债业务   D. 表外业务;中间业务

26. 以下不属于个人存款的是( )。
   A. 定活两便存款   B. 教育储蓄存款
   C. 保证金存款   D. 协定存款

27. 下列不属于商业银行债券投资目标的是( )。
   A. 平衡流动性和盈利性   B. 平衡风险性和流动性
   C. 提高资本充足率   D. 降低资产组合的风险

28. 下列属于商业银行承诺业务的是( )。
   A. 备用信用证   B. 银行保函
   C. 项目贷款承诺   D. 不可撤销信用证

29. 尽管借款人目前有能力偿还贷款本息,但存在一些可能对偿还产生不利影响因素的贷款是( )。
   A. 关注类贷款   B. 可疑类贷款   C. 次级类贷款   D. 损失类贷款

30. 下列属于商业银行非盈利性资产的是（　　）。
    A. 短期贷款　　　B. 银团贷款　　　C. 债券投资　　　D. 库存现金

31. 备用信用证的实质是银行对借款人的一种（　　）。
    A. 承诺业务　　　B. 代理业务　　　C. 理财业务　　　D. 担保行为

32. 由两家或两家以上银行基于相同贷款条件，依据同一贷款协议，按约定时间和比例，通过代理行向借款人提供的本外币贷款或授信业务的是（　　）。
    A. 银团贷款　　　B. 房地产贷款　　　C. 固定资产贷款　　　D. 流动资金贷款

33. 下列关于银团贷款的说法不正确的是（　　）。
    A. 银团贷款成员按照"信息共享、独立审批、自主决策、风险自担"的原则自主确定各自授信行为
    B. 代理行不可以由牵头行担任，只能由银团贷款成员协商在除牵头行以外的成员中确定
    C. 单家银行担任牵头行时，其承贷份额原则上不少于银团融资总金额的20%，分销给其他银团贷款成员的份额原则上不低于50%
    D. 银团参加行主要职责是参加银团会议，在贷款续存期间应了解掌握借款人的日常经营与信用状况的变化情况

34. 中国某公司生产的轻工产品年销售额中约一半为应收账款。国内某银行对其应收账款进行了无追索权"购买"，为其注入现金，加速了资金周转，促进了该公司经营规模的扩张。然后由银行去向买方要求付款。这属于银行的（　　）。
    A. 代理业务　　　B. 负债业务　　　C. 保理业务　　　D. 贷款业务

35. 关于我国公司债，下列说法不正确的是（　　）。
    A. 公司债的监管机构为财政部
    B. 公司债的发行、交易须依据《公司法》和《证券法》的规定
    C. 公司债的发行主体可以是依照《公司法》设立的股份有限公司
    D. 公司债的发行主体可以是依照《公司法》设立的有限责任公司

36. 刘蒙以95元的价格购买了一张金融债券，该债券的票面价值100元，票面利率10%，一个月后，他以98元的价格卖出。则刘蒙的名义收益率、即期收益率、持有期收益率大小关系为（　　）。
    A. 名义收益率＝即期收益率＝持有期收益率
    B. 名义收益率＞即期收益率＞持有期收益率
    C. 名义收益率＜即期收益率＜持有期收益率
    D. 名义收益率＜即期收益率＞持有期收益率

37. （　　）是指期权买入方在规定的期限内享有按照一定的价格向期权卖方购入某种基础资产的权利，但不负担必须买进的义务。
    A. 欧式期权　　　B. 美式期权　　　C. 看跌期权　　　D. 看涨期权

38. 在行市有利于买方时，买方将买入（　　）期权，可以获得在期权合约有效期内按某一具体履约价格购买一定数量某种外汇的权利。
    A. 看涨　　　B. 看跌　　　C. 双向　　　D. 卖出

39. （　　）直接关系到商业银行预期收益的实现和信贷资金的安全。
    A. 受理与调查　　　　　　　　　B. 贷后管理
    C. 信贷档案管理　　　　　　　　D. 贷款回收与处置

40. 银行承兑汇票期限自出票之日起最长不得超过（　　）。
    A. 3个月　　　B. 6个月　　　C. 9个月　　　D. 1年

41. 下列不属于商业银行托管业务范围的是（　　）。
    A. 自营买卖基金托管　　　　　　B. 信托资产托管
    C. 代保管业务　　　　　　　　　D. 社保基金托管

42. 商业银行向客户提供财务分析与规划、投资建议、个人投资推介等专业化服务是（　　）业务。
    A. 综合授信服务　　　　　　　　B. 投资银行服务
    C. 私人银行业务　　　　　　　　D. 财务顾问服务

43. 在代理证券资金清算业务中，（　　）是指各证券公司总部以法人为单位与证券登记结算公司之间发生的资金往来业务。
    A. 代收代付业务　　　　　　　　B. 同内联行清算
    C. 一级清算业务　　　　　　　　D. 二级清算业务

44. （　　）是指银行吸收非居民的资金，服务于非居民的金融活动这里的银行是指经国家外汇管理局批准经营外汇业务的中资银行及其分支行。
    A. 国际清算　　B. 贵宾业务　　C. 离岸银行业务　　D. 私人银行业务

45. 下列选项中不属于商业银行咨询顾问业务的是（　　）。
    A. 财务顾问服务　　　　　　　　B. 投资理财顾问
    C. 企业咨询服务　　　　　　　　D. 企业信用评级

46. 某银行最近推出一项理财产品，该产品的理财期限为6个月（如未提前终止），此银行在提前终止口或理财到期日将按照年收益率5.25%向投资者支付理财收益。则据此推断该理财产品属于（　　）。
    A. 保证收益理财产品　　　　　　B. 非保证收益理财产品
    C. 保本浮动收益理财产品　　　　D. 非保本浮动收益理财产品

47. 理财业务中，商业银行承担的风险不包括（　　）。
    A. 操作风险　　B. 投资风险　　C. 声誉风险　　D. 流动性风险

48. 商业银行应当采用科学合理的方法对拟销售的理财产品自主进行风险评级，风险评级的结果由低到高至少包括（　　）个等级。
    A. 3　　　　　B. 4　　　　　C. 5　　　　　D. 6

49. "买者自负"原则的含义是（　　）。
    A. 金融产品提供者需要自我教育
    B. 金融产品提供者没有信息披露义务
    C. 金融产品购买者需有娴熟的投资技巧才可进行投资
    D. 金融产品购买者要自己承担决策风险

50. （　　）原则既要求金融投资者加强自我教育，也要求产品提供方对产品的已知缺陷和风险进行适当的披露。
    A. 客户教育　　　B. 卖者有责　　　C. 买者自负　　　D. 信息透明

51. （　　）的金融创新是指20世纪50年代末以后，金融机构特别是银行中介功能的变化。
    A. 宏观层面　　　B. 中观层面　　　C. 业务层面　　　D. 职能层面

52. 从微观层面上看，属于增强流动性创新的金融工具是（　　）。
    A. 长期贷款的证券化　　　　　　　B. 附有股权认购书的债券
    C. 货币互换　　　　　　　　　　　D. 货币发行便利

53. 在银行组织构架的内部管理上，也将银行机构分为（　　）和利润中心两类，其中前者涵盖了管理部门、运作中心、培训机构等机构，而后者包括独立核算的分支机构、产品线和子公司等。
    A. 管理中心　　　B. 收益中心　　　C. 成本中心　　　D. 资本中心

54. 市净率的计算公式（　　）。
    A. 市净率＝股票价格（P）/每股收益（E）
    B. 市净率＝每股市价（P）/每股净资产
    C. 市净率＝净利润/期末总股本
    D. 市净率＝净利润/资本净额

55. 银行资产结构主要指的是各（　　）占总资产的比重。
    A. 生息资产　　　B. 流动资产　　　C. 固定资产　　　D. 存款业务

56. 我国某银行会计报告提供的相关资料如下：贷款余额为40亿元，其中，正常类贷款为30亿元，关注类贷款为5亿元，次级类贷款为3亿元，可疑类贷款为1.5亿元，损失类贷款为0.5亿元；长期次级债为2亿元；贷款损失准备金金额为6亿元。该银行拨备覆盖率是（　　）。
    A. 15%　　　　　B. 20%　　　　　C. 60%　　　　　D. 120%

57. 下列选项中不属于商业银行合规风险管理基本制度的是（　　）。
    A. 合规问责制度　　　　　　　　　B. 公平竞争制度
    C. 诚信举报制度　　　　　　　　　D. 合规绩效考核制度

58. 上市商业银行的最高权力机构是（　　）。
    A. 董事会　　　　B. 监事会　　　　C. 股东大会　　　D. 行长办公会

59. 商业银行监事会例会每年至少应当召开（　　）次。
    A. 一　　　　　　B. 二　　　　　　C. 三　　　　　　D. 四

60. 董事会和监事会应当组织会谈，向被评为（　　）的董事本人提出限期改进要求，如长期未能有效改进，商业银行应当更换董事。
    A. 称职　　　　　B. 基本称职　　　C. 不称职　　　　D. 非常不称职

61. 久期指某项金融资产（或负债）在未来时间内产生的收益现金流的加权平均（　　）。
    A. 时间　　　　　B. 收益　　　　　C. 现值　　　　　D. 终值

62. 商业银行经济资本配置的作用主要体现在（　　）方面。

A. 风险定价和绩效考核　　　　　B. 资产管理和负债管理
   C. 资本金管理和负债管理　　　　D. 流动性管理和绩效考核
63. 资产负债组合管理是对（　　）进行积极的管理。
   A. 银行存款利率表　　　　　　　B. 银行资产负债表
   C. 银行资产损益表　　　　　　　D. 银行负债
64. 资产负债管理的核心策略是（　　）。
   A. 表内资产负债匹配　　　　　　B. 表内表外合并
   C. 表外工具规避表内风险　　　　D. 利用证券化剥离表内风险
65. 下列不属于《巴塞尔新资本协议》规定的资本监管"三大支柱"的是（　　）。
   A. 最低资本要求　B. 外部监管　　C. 信息披露　　D. 市场约束
66. 根据第三版巴塞尔资本协议，我国商业银行杠杆率不得低于（　　）。
   A. 1%　　　　　B. 3%　　　　　C. 5%　　　　　D. 9%
67. 若某银行风险加权资产为10000亿元，若不考虑扣除项因素，则根据《巴塞尔新资本协议》，其资本不得_____亿元，核心资本不得_____亿元。（　　）
   A. 低于400；低于800　　　　　　B. 高于400；高于800
   C. 低于800；低于400　　　　　　D. 高于800；高于400
68. （　　）将商业银行的收益与风险直接挂钩，从根本上改变了银行忽视风险、盲目追求利润的经营方式。
   A. RAROC　　　B. ROE　　　　C. ROA　　　　D. EVA
69. 关于情景分析，下列说法错误的是（　　）。
   A. 是一种多因素分析方法
   B. 也称为持续期分析
   C. 情景可以人为设定
   D. 情景可以从对市场风险要素历史数据变动的统计分析中得到
70. 标准法将商业银行全部业务划分为不同的业务条线，不包括（　　）。
   A. 公司金融　　B. 证券经营　　C. 资产管理　　D. 交易和销售
71. 在未来一段时间内，一定置信度下，银行承担的风险可能超出预期损失的损失水平称为（　　）。
   A. 平均损失　　B. 极端损失　　C. 预期损失　　D. 非预期损失
72. （　　）是商业银行已经或者可能发生信用危机，严重影响存款人的利益时，银监会对该银行采取的监管措施。
   A. 接管　　　　B. 合并　　　　C. 分立　　　　D. 解散
73. 按照《中华人民共和国反洗钱法》的规定，金融机构所建立的客户身份资料和客户交易信息在业务关系或交易结束后至少应保存的时间为（　　）年。
   A. 3　　　　　　B. 4　　　　　　C. 5　　　　　　D. 6
74. 下列不属于商业银行的终止原因的是（　　）。
   A. 因解散而终止　　　　　　　　B. 因被撤销而终止
   C. 因被宣告破产而终止　　　　　D. 因被兼并而终止

75. （   ）指货币政策工具通过调控货币供给量的增加和减少，影响到银行规模和结构的变化，从而对实际经纪产生影响。
    A. 利率渠道　　　　B. 资产价格渠道　　C. 信贷渠道　　　　D. 汇率渠道

76. 《民法通则》规定了法人应当具备的条件，下列选项中，（   ）不是法人成立的要件。
    A. 以营利为目的　　　　　　　　　　B. 有必要的财产和经费
    C. 依照法律规定成立　　　　　　　　D. 有自己的名称、组织机构和场所

77. 抵押是担保的一种方式，根据《物权法》，下列说法正确的是（   ）。
    A. 债权人有权使用抵押物
    B. 债权人不占有抵押的财产
    C. 债权人任何时候都无权就抵押财产优先受偿
    D. 无论债务人是否履行到期债务，抵押物均可直接用于清偿

78. 甲以其正在建造的一栋大楼作为抵押向银行贷款，双方签订书面抵押合同，该抵押合同自（   ）时起生效。
    A. 登记　　　　　B. 合同签订　　　　C. 大楼建成　　　　D. 大楼交付

79. 破产开始的法律效果不包括（   ）。
    A. 对债务人的债务人或者财产持有人的约束
    B. 对债权人的约束
    C. 对债务人的约束
    D. 禁止个别清偿

80. 债权申报期限自人民法院发布受理破产申请公告之日起计算，最短不得少于_____日，最长不得超过_____个月。（   ）
    A. 15；1　　　　B. 15；3　　　　C. 30；1　　　　D. 30；3

81. 下列关于犯罪的预备、未遂和中止，说法错误的是（   ）。
    A. 犯罪预备行为不具有社会危害性
    B. 盗窃分子练习偷盗技巧是犯罪预备
    C. 已经着手实行犯罪，由于犯罪分子意志以外的原因而未得逞的，是犯罪未遂
    D. 在犯罪过程中，自动放弃犯罪或者自动有效地防止犯罪结果发生的，是犯罪中止

82. 下列选项中，（   ）不是行政许可申请人的权利。
    A. 陈述权　　　　B. 抗辩权　　　　C. 申辩权　　　　D. 听证权

83. 根据《行政处罚法》，我国行政处罚决定程序不包括（   ）。
    A. 简易程序　　　　B. 一般程序　　　　C. 标准程序　　　　D. 听证程序

84. 法律没有规定行政机关可以强制执行的，作出行政决定的机关应当申请（   ）强制执行。
    A. 人民法院　　　　　　　　　　　B. 有权的行政机关
    C. 上一级行政机关　　　　　　　　D. 上一级行政许可机关

85. 被接管的商业银行应由（   ）行使该银行的经营管理权利。

A. 人民法院

B. 接管组织

C. 中国人民银行

D. 该商业银行除直接责任人员以外的管理层

86. 对中国人民银行作出的具体行政行为不服的,可以向（   ）申请复议。
    A. 银监会　　　　B. 国务院　　　　C. 中国人民银行　　D. 最高人民法院

87. 我国银行业监管的目标是促进银行业合法、稳健运行和（   ）。
    A. 维护金融体系的安全和稳定　　　　B. 维护公众对银行业的信心
    C. 维护市场的正常秩序　　　　　　　D. 保护债权人利益

88. （   ）是银监会区别于目前我国其他监管机构的根本所在。
    A. 维护金融体系的安全和稳定
    B. 维护公众对银行业的信心
    C. 保护存款人和广大金融消费者的利益
    D. 支持实体经发展

89. 下列行为中,违反银行业从业人员职业操守关于与同事关系规定的是（   ）。
    A. 将同事不当行为通知媒体
    B. 在所在机构成员之间相互分享专业知识和经验
    C. 引用共同成果需经所在机构及同事的同意与授权
    D. 工作中接触到同事个人隐私的,不擅自向他人透露

90. 某银行员工勤奋好学,经常向另一部门其他岗位的同事学习业务知识,在同事偶尔外出时还主动提出代为履行职责,这种行为（   ）。
    A. 体现了同事之间的团结合作精神,应该得到鼓励
    B. 体现了该员工的勤勉尽职精神,应该得到表扬
    C. 在该员工的技能和知识达到其同事岗位要求的情况下是可以的
    D. 是不可以的,除非经过适当批准

二、多项选择题（共40题,每小题1分,共40分。以下各小题所给出的五个选项中,只有两项或两项以上符合题目要求,请选择相应选项,不选、错选均不得分）

1. 经济周期一般分为几个阶段（   ）。
    A. 繁荣　　　　　　　　　　　　B. 衰退
    C. 萧条　　　　　　　　　　　　D. 复苏
    E. 盘整

2. 投资是GDP的三大构成部分之一,下列属于投资的有（   ）。
    A. 私人购买住房的支出　　　　　B. 政府消费
    C. 固定资本形成　　　　　　　　D. 非房地产投资
    E. 存货增加

3. 超额存款准备金主要用于（   ）。

A. 支付清算 B. 同业拆借
C. 头寸调拨 D. 向个人放贷
E. 作为资产运用的备用资金

4. 货币政策的时滞包括（　　）。
A. 中央银行认识到需要采取货币政策 B. 中央银行监测到货币政策的效果
C. 制定并实施货币政策 D. 公众意识到货币政策并采取措施
E. 所采取的货币政策发挥作用

5. 按照融资方式，金融工具可以划分为（　　）。
A. 直接融资工具 B. 间接融资工具
C. 短期融资工具 D. 长期融资工具
E. 权益融资工具

6. 同业拆借资金主要用于商业银行的（　　）。
A. 中央银行货币政策调控 B. 短期融通需要
C. 贷款 D. 日常资金的支付清算
E. 购置固定资产

7. 债券按发行价格可分为（　　）债券。
A. 低价 B. 高价
C. 溢价 D. 平价
E. 折价

8. 下面属于非银行金融机构的是（　　）。
A. 村镇银行 B. 金融资产管理公司
C. 金融租赁公司 D. 财务公司
E. 信托公司

9. 关于股票的说法，正确的有（　　）。
A. 股票代表着股东对公司的所有权
B. 股票是代表一定经济利益分配权利的资本证券
C. 股票持有者有权参加股份公司的股东大会
D. 股票是股份有限公司发行的
E. 股票持有者要分担公司的责任和经营风险

10. 最后贷款人的援助对象包括（　　）。
A. 暂时出现流动性不足但仍具有清偿力的金融机构
B. 出现支付危机的金融机构
C. 存款机构的流动性不足的金融机构
D. 出现挤提的金融机构
E. 出现清偿力危机的金融机构

11. 中国银监会监管的非银行金融机构包括（　　）。
A. 基金管理公司 B. 财产保险公司
C. 期货经纪公司 D. 金融租赁公司

E. 货币经纪公司

12. 储户刘某到银行要求提前支取其妻子的定期存款，这项业务必须遵守的规定有（   ）。
    A. 刘某持有其妻子的身份证件
    B. 刘某书面提交提前支取该项存款的正当理由
    C. 刘某持有本人的身份证件
    D. 刘某持有该项定期存款的存单
    E. 按支取日挂牌公告的活期存款利率计付利息

13. 外币存款业务和人民币存款业务的共同点包括（   ）。
    A. 都可分为活期存款和定期存款   B. 都是一种信用行为
    C. 都可分为个人存款和单位存款   D. 都是商业银行的资产
    E. 具有相同的管理方式

14. 长期借款是指期限在一年以上的借款，一般采用发行金融债券的形式，具体包括发行（   ）。
    A. 普通金融债券   B. 次级金融债券
    C. 混合资本债券   D. 回购协议债券
    E. 一年以内到期的债券

15. 与其他债券相比，国债具有的特点包括（   ）。
    A. 风险低   B. 流动性强
    C. 收益率较低   D. 收益率较高
    E. 发行量较小

16. 远期外汇交易的最大优点在于（   ）。
    A. 可以完成两国货币之间的交易   B. 可以获得一定的期权费
    C. 可以用来套期保值和投机   D. 能够对冲汇率在未来下降的风险
    E. 能够对冲汇率在未来上升的风险

17. 法人商业用房按揭贷款可用于（   ）。
    A. 租用商业用房   B. 租用自用办公用房
    C. 购置商业用房   D. 购置自用住房
    E. 购置自用办公用房

18. 下列交易方在交易之初不能确定最大收益的有（   ）。
    A. 期货合约买方   B. 远期合约买方
    C. 看涨期权买方   D. 看涨期权卖方
    E. 看跌期权卖方

19. 下列关于贸易融资工具的说法，正确的有（   ）。
    A. 目前，银行主要办理出口信用证项下的出口押汇业务
    B. 国内保理主要包括应收账款买断和应收账款收购及代理
    C. 单保理是只有出口银行与出口商签订保理协议，并对出口商的应收账款承做保理业务

D. 现在银行基本上只开不可撤销信用证
E. 从业务运作实质来看，福费廷就是银行保函

20. 交易所债券市场的交易品种包括（　　）。
    A. 现券交易　　　　　　　　B. 期权交易
    C. 远期交易　　　　　　　　D. 融资融券
    E. 质押式回购

21. 下列关于托收业务的表述，错误的有（　　）。
    A. 托收属于商业信用
    B. 根据所附单据的不同分为光票托收和跟单托收
    C. 托收银行与代收银行对托收的款项是否收到承担责任
    D. 光票托收广泛用于非贸易结算
    E. 进口代收一般用于进出口贸易款项的收付，没有银行信用介入

22. 投资者为了保证本金安全，可以投资以下哪些理财产品？（　　）
    A. 保本浮动收益理财产品　　　B. 非保本浮动收益理财产品
    C. 最低收益理财产品　　　　　D. 固定收益理财产品
    E. 保证收益理财产品

23. 证监会负责监管的业务有（　　）。
    A. 股权众筹融资业务　　　　　B. 互联网基金销售业务
    C. 互联网支付业务　　　　　　D. 互联网信托业务
    E. 互联网保险业务

24. 银行业务创新是指商业银行为适应经济发展的要求，通过引入新技术、采用新方法、开辟新市场、构建新组织，在（　　）方面开展的各项新活动，最终体现为银行风险管理能力的不断提高，以及为客户提供的服务产品和服务方式的创造与更新。
    A. 战略决策　　　　　　　　B. 制度安排
    C. 机构设置　　　　　　　　D. 人员准备
    E. 管理模式

25. 银行在金融创新中，须遵守的基本原则有（　　）。
    A. 成本可算　　　　　　　　B. 充分信息披露
    C. 风险可控　　　　　　　　D. 公平竞争
    E. 维护银行利益至上

26. 下列关于商业银行金融创新客户利益保护的表述，正确的有（　　）。
    A. 做好客户对于创新产品和服务的适合度评估，引导客户理性投资
    B. 充分揭示与创新产品和服务有关的权利、义务和风险
    C. 准确、公平、没有误导地进行信息披露
    D. 区分银行资产和客户资产
    E. 妥善处理客户投诉

27. 互联网金融对商业银行的影响有（　　）。

A. 改变了商业银行的经营理念和经营方式

B. 增强商业银行风险防控能力

C. 借助大数据和互联网技术，商业银行可以更好地实现业务单独处理

D. 营销成本有所提高

E. 改变了银行的获客路径，银行可以在短时间内实现客户和业务量的快速增长

28. 下列关于第三方支付，说法不正确的是（   ）。

    A. 运用电子化手段为市场交易者提供后台支付

    B. 服务对象是网络用户和手机用户

    C. 帮助商家降低运营成本

    D. 有助于银行节省开发费用，为银行带来潜在利润

    E. 有效缓解了因金融机构网点不足而产生的时间和交易成本过高的问题

29. 下列对矩阵型组织架构的说法，正确的有（   ）。

    A. 在该架构下，纵向和横向都需要做大量的协调和沟通工作，管理成本高昂

    B. 在该架构下，若区域总部运作失灵，则可能对整个区域的业务发展产生严重影响

    C. 在该架构下，各区域总部之间竞争激烈，容易因争夺资源而发生内耗

    D. 在该架构下，不仅设立了若干区域总部，还设立了若干事业部

    E. 区域总部的事业部只接受区域总部领导人的领导，并不接受总行相同事业部领导人的领导

30. 董事会是银行公司治理的组织架构之一，下列关于董事会的说法正确的有（   ）。

    A. 董事会例会每月应至少召开一次

    B. 董事会会议应当有商业银行全体董事过半数出席方可举行

    C. 独立董事是指在商业银行不担任经营管理职务的董事

    D. 董事会临时会议的召开程序由商业银行章程规定

    E. 商业银行董事长和行长应当分设

31. 固定薪酬主要根据员工在商业银行经营中的（   ）等因素确定。

    A. 服务年限   B. 劳动投入

    C. 所承担的经营责任   D. 所承担的经营风险

    E. 经营业绩考核结果

32. 内部资金转移定价是指，商业银行内部资金中心与业务经营单位按照一定规则全额有偿转移资金，达到核算业务资金成本或收益等目的的一种内部经营管理模式。其中（   ）。

    A. "内部"包括银行与客户之间的价格

    B. 资金中心是指日常所看到的实体资金交易部门

    C. 一定规则是指根据资金的期限及利率属性确定的定价方法

    D. 全额是指对每一笔提供或占用资金的业务，在其发生的当天，根据期限及利率属性进行逐笔计价

    E. 实施ETP的目的之一，就是要核算清楚负债带来了多少收益，资产占用了多少成本

33. 资金管理的核心是建设（　　）。
   A. 内部资金转移定价机制　　　　B. 外部产品定价机制
   C. 全额资金管理体质　　　　　　D. 自上而下配置资金
   E. 自下而上集中资金

34. 商业银行充实资本、提高资本充足率，可以采用的做法包括（　　）。
   A. 发行普通股　　　　　　　　　B. 发行短期债券
   C. 发行次级债券　　　　　　　　D. 发行非累积优先股
   E. 发行可转换债券

35. 下列关于第三版巴塞尔资本协议，说法正确的有（　　）。
   A. 界定并区分了一级资本和二级资本的功能
   B. 提升资本工具损失吸收能力
   C. 规定普通股（不含留存收益）应在一级资本中占主导地位
   D. 弱化了资本充足率的监管标准
   E. 提出了流动性覆盖率和净稳定融资比率，并规定正常情况下，两个流动性量化监管指标值都不得低于100%

36. 关于经济增加值，下列说法错误的有（　　）。
   A. 也称经济利润
   B. 经济增加值＝经风险调整后税后净利润/经济资本
   C. 能够比较客观地反映商业银行在一定时期内为所有者创造的价值
   D. 最核心的特点是考虑机会成本
   E. 已成为国际通用的银行业风险收益评价方法

37. 风险识别的目标在于帮助银行了解自身面临的风险及严重程度，包括（　　）。
   A. 感知风险　　　　　　　　　　B. 分析风险
   C. 计量风险　　　　　　　　　　D. 检测风险
   E. 控制风险

38. 上市公司出现下列（　　）情况时，证券交易所可以决定终止其股票上市交易。
   A. 公司有重大违法行为
   B. 公司解散或者被宣告破产
   C. 公司股本总额、股权分布等发生变化不再具备上市条件，在证券交易所规定的期限内仍不能达到上市条件
   D. 公司不按照规定公开其财务状况，或者对财务会计报告作虚假记载，且拒绝纠正
   E. 公司不按照规定公开其财务状况，或者对财务会计报告作虚假记载，可能误导投资者

39. 行政复议申请人享有的权利包括（　　）。
   A. 陈述权　　　　　　　　　　　B. 收集证据权
   C. 阅卷权　　　　　　　　　　　D. 撤回权
   E. 救济权

40. 下列属于开放条件下银行的主要风险来源的是（　　）。
   A. 经济周期　　　　　　　　B. 期限错配
   C. 市场环境变化　　　　　　D. 网络技术发展
   E. 错误评估客户的还款能力

三、判断题（共15题，每小题1分，共15分。请判断以下各小题的对错，正确的用"A"表示，错误的用"B"表示。）

1. 行业组织创新是使行业组织重新获得竞争优势的过程。（　　）
2. 在我国，贷款基准利率是指商业银行对其最优质客户执行的贷款利率，其他贷款利率可在此基础上加减点生成。（　　）
3. 直接融资工具包括企业债券、商业票据、公司股票、人寿保险单等。（　　）
4. 贷款公司是专门为县域农民、农业和农村经济发展提供贷款服务的非银行金融机构。（　　）
5. 商业银行的负债由短期借款和长期借款构成，存款业务是商业银行的资产业务。（　　）
6. 银行外汇牌价表中的价格是从客户角度标示的价格。（　　）
7. 按照在银团贷款中的职能和分工，银团贷款成员通常分为牵头行、代理行和参加行等角色。（　　）
8. 从业务运作的实质来看，福费廷就是远期票据贴现，与一般的票据业务一样。（　　）
9. 借记卡中的转账卡，顾名思义，是仅具有转账结算功能的银行卡。（　　）
10. 银行业是信息不对称度非常高的，但是创新方面是完全对称的。（　　）
11. "买者自负"是市场经济的基本原则，因此银行对客户的选择不负任何责任，也无需对客户进行教育。（　　）
12. 市场风险对冲的原理在于原风险敞口出现亏损时，新风险敞口能够盈利，盈利能够尽量全部抵补亏损。（　　）
13. 审慎经营规则是银监会对银行业金融机构提出的核心经营目标。（　　）
14. 设立质权的当事人可以采取书面或口头形式订立质权合同。（　　）
15. 行政复议受理不服行政机关作出的行政处分或者其他人事处理决定。（　　）

模拟试卷（三）参考答案及解析

一、单项选择题

1.【答案】　B
【解析】通货膨胀是指一般物价水平在一段时间内持续、普遍地上涨。对通货膨胀的衡量可以通过对一般物价水平上涨幅度的衡量来进行。一般说来，常用的指标有三种：消费者物价指数、生产者物价指数、国内生产总值物价平减指数。

2.【答案】　B
【解析】资本项目集中反映一国同国外资金往来的情况，反映了一国利用外资和偿还本金的执行情况，如直接投资、政府和银行的借款及企业信贷等。ACD 三项均属于经常项目。

3.【答案】 C

【解析】区域经济分析主要是从经济发展的角度对区域经济发展的水平及所处的发展阶段、区域产业结构和地域结构进行分析。它是在区域自然条件分析的基础上，进一步对区域经济发展的现状作一个全面的考察、评估。

4.【答案】 A

【解析】第二产业是指采矿业，制造业，电力、燃气及水的生产和供应业，建筑业。BCD 三项都属于第三产业。

5.【答案】 C

【解析】中央银行提高法定存款准备金率时，商业银行可用资金减少，贷款下降，导致货币供应量减少。

6.【答案】 B

【解析】货币乘数可表示为 $K = \dfrac{1}{r_d + c + e + r_t \cdot t}$，其中，$r_d$ 代表法定存款准备金率，c 代表现金漏损率，e 代表超额准备金率，r_t 代表定期存款的存款准备金率，t 代表定期存款占活期存款的比例。从货币乘数的公式中可以看出，商业银行创造存款货币的能力与法定存款准备金率、现金漏损率、超额准备金率、定期存款的存款准备金率成反向变动关系。C 项，超额准备金与活期存款总额反向变化。

7.【答案】 B

【解析】需求拉上型通货膨胀是指当总需求与总供给的对比处于供不应求状态，总需求大于总供给时，过多的需求拉动价格水平上涨。由于在现实生活中，总需求是由有购买和支付能力的货币量构成，总供给则表现为市场上的商品和劳务，所以也就是"过多的货币追求过少的商品"引起了物价上涨。

8.【答案】 C

【解析】货币政策的中介目标是中央银行为了实现货币政策的终极目标而设置的可供观察和调整的指标。货币政策中介目标的作用在于：表明货币政策实施的进度；为中央银行提供一个追踪观测的指标；便于中央银行调整政策工具的使用。

9.【答案】 C

【解析】按金融工具交易的阶段划分为：发行市场和流通市场。

10.【答案】 D

【解析】银行业金融机构是指在中华人民共和国境内设立的商业银行、城市信用合作社、农村信用合作社、政策性银行。

11.【答案】 D

【解析】CDs 的利率一般都高于同档次定期存款利率，不办理提前支取，不分段计息，不计逾期利息。A 项，CDs 市场（可转让大额存单市场），是可转让定期存单的发行和转让市场；B 项，到期时，CDs 持有人可向银行提取本息；C 项，CDs 的特点是期限固定、面额较大、到期前可流通转让。

12.【答案】 A

【解析】H股是指由中国境内注册的公司发行、直接在中国香港上市的股票。

13.【答案】 D

【解析】中国证券登记结算有限责任公司于2001年3月30日组建成立，按照《证券法》和《证券登记结算管理办法》的相关规定，履行下列职能：证券账户、结算账户的设立和管理；证券的存管和过户；证券持有人名册登记及权益登记；证券和资金的清算交收及相关管理；受发行人的委托派发证券权益；依法提供与证券登记结算业务有关的查询、信息、咨询和培训服务；中国证监会批准的其他业务。

14.【答案】 A

【解析】中国证券业协会是依据《中华人民共和国证券法》和《社会团体登记管理条例》的有关规定设立的全国性证券业自律组织，是非营利性社会团体法人。

15.【答案】 C

【解析】存款保险制度是由符合条件的各类存款性金融机构集中起来建立一个保险机构，各存款机构作为投保人按一定存款比例向其缴纳保险费，建立存款保险准备金。

16.【答案】 D

【解析】中央银行的最后贷款人制度、金融监管机构的审慎监管、存款保险制度是构成金融安全网的三大支柱。

17.【答案】 B

【解析】工商银行于2006年10月27日在上海证券交易所和香港联合证券交易所同步上市。A项，农业银行于2010年7月15日在上海证券交易所上市，于2010年7月16日在香港联合证券交易所上市；C项，中国银行于2006年6月1日在香港联合证券交易所上市，于2006年7月5日在上海证券交易所上市；D项，建设银行于2005年10月27日在香港联合证券交易所上市，于2007年9月25日在上海证券交易所上市。

18.【答案】 D

【解析】财务公司主要是为集团内部成员单位提供财务管理服务，其业务有两类：①基础类业务，涵盖了商业银行可以办理的全部资产、负债、中间业务；②满足一定条件的财务公司可以办理的业务，包括发行财务公司债券、承销成员单位企业债、对金融机构的股权投资、有价证券投资、成员单位产品的消费信贷、买方信贷及融资租赁等业务。

19.【答案】 D

【解析】我国商业银行是以办理存贷款和转账结算为主要业务，以营利为主要经营目标，经营货币的金融企业。商业银行的职能有：①充当信用中介；②充当支付中介；③信用创造功能；④金融服务。其中，充当信用中介是商业银行最基本的职能。

20.【答案】 C

【解析】定期存款是个人事先约定偿还期的存款，其利率视期限长短而定。定期存款存期内遇有利率调整，仍按存单开户日挂牌公告的相应定期存款利率计息。

21.【答案】 B

【解析】定期存款利率视期限长短而定，通常期限越长，利率越高。如果储户在存款到期前要求提前支取，必须持存单和存款人的身份证明办理，并按支取日挂牌公告的活期存款利率计付利息。

22. 【答案】　A

【解析】对于活期存款，利息金额算至分位，分以下尾数四舍五入。分段计息算至厘位，合计利息后分以下四舍五入。B项，存款的计息起点为元，元以下角分不计利息；C项，在现实中，活期存款通常1元起存；D项，我国对活期存款实行按季度结息，每季度末月的20日为结息日，次日付息。

23. 【答案】　B

【解析】分别计算这两笔存款，如下所示：①第一笔存款：存满一年后，第一年利息＝10000×2.52%＝252（元）。第一年的利息扣除元以下的部分计入本金在第二年计付利息，利息算至分位，分以下四舍五入。第二年利息＝（10000＋252）×2.52%＝258.35（元）。因此，第一笔存款共可取回10000＋252＋258.35＝10510.35（元）。②第二笔存款：利息＝10000×3.06%×2＝612（元）。所以第二笔存款共可取回10000＋612＝10612.00（元）。

24. 【答案】　D

【解析】D项，外币存款业务与人民币存款业务均可以按客户类型分为个人存款和单位存款。

25. 【答案】　B

【解析】同业存款，也称同业存放，全称是同业及其他金融机构存入款项，是指因支付清算和业务合作等的需要，由其他金融机构存放于商业银行的款项。同业存放属于商业银行的负债业务；与此相对应的概念是存放同业，即存放在其他商业银行的款项，属于商业银行的资产业务。

26. 【答案】　D

【解析】个人存款的种类有：①活期存款；②定期存款，包括整存整取、零存整取、整存零取和存本取息；③定活两便存款；④个人通知存款；⑤教育储蓄存款；⑥保证金存款。D项，协定存款属于单位存款。

27. 【答案】　B

【解析】应该是"平衡流动性和盈利性"而非"平衡风险性和流动性"。

28. 【答案】　C

【解析】贷款承诺业务：项目贷款承诺、开立信贷证明、客户授信额度、票据发行便利。

29. 【答案】　A

【解析】B项，可疑类贷款是借款人无法足额偿还贷款本息，即使执行担保，也肯定要造成较大损失的贷款；C项，次级类贷款是指借款人的还款能力出现明显问题，完全依靠其正常经营收入无法足额偿还贷款本息，即使执行担保，也可能会造成一定损失的贷款；D项，损失类贷款是指在采取所有可能的措施或一切必要的法律程序之后，本息仍然无法收回，或只能收回极少部分的贷款。

30. 【答案】　D

【解析】任何一家营业的银行机构，为了保证对客户的支付，都必须保存一定数量的现金。但由于库存现金是一种非营利性资产，而且保存库存现金还需要花费银行大量的保卫费用，因此从经营的角度讲，库存现金不宜保存太多。库存现金的经营原则就是保持适度的规模。ABC 三项资产均可给银行带来盈利。

31. 【答案】 D

【解析】备用信用证是开证行应借款人的要求，以放款人作为信用证的受益人而开具的一种特殊信用证，以保证在借款人不能及时履行义务或破产的情况下，由开证行向受益人及时支付本利。备用信用证是在法律限制开立保函的情况下出现的保函业务的替代品，其实质也是银行对借款人的一种担保行为。

32. 【答案】 A

【解析】银团贷款又称辛迪加贷款，是指由两家或两家以上银行基于相同贷款条件，依据同一贷款协议，按约定时间和比例，通过代理行向借款人提供的本外币贷款或授信业务。

33. 【答案】 B

【解析】代理行经银团成员协商确定，可以由牵头行或者其他银行担任。借款人的附属机构或关联机构不得担任代理行。

34. 【答案】 C

【解析】保理又称保付代理、托收保付，是贸易中以托收、赊账方式结算货款时，出口方为了规避收款风险而采用的一种请求第三者（保理商）承担风险的做法。保理业务是一项集贸易融资、商业资信调查、应收账款管理及信用风险担保于一体的综合性金融服务。与传统结算方式相比，保理的优势主要在于融资功能。国内保理主要包括应收账款买断和应收账款收购及代理。

35. 【答案】 A

【解析】A 项，在我国，企业债券的监管机构是国家发展和改革委员会；公司债券管理机构为中国证券监督管理委员会。

36. 【答案】 C

【解析】三种收益率的计算公式为：名义收益率＝票面利息/面值×100%；即期收益率＝票面利息/购买价格×100%；持有期收益率＝（出售价格－购买价格＋利息）/购买价格×100%。因为购买价格＜面值，票面利息＜出售价格－购买价格＋利息，所以名义收益率＜即期收益率＜持有期收益率。

37. 【答案】 D

【解析】期权按选择权性质的不同分为看涨期权和看跌期权。看涨期权指期权买入方在规定的期限内享有按照一定的价格向期权卖方购入某种基础资产的权利，但不负担必须买进的义务；看跌期权指期权买方在规定的期限内享有向期权卖方按照一定的价格出售基础资产的权利，但不负担必须卖出的义务。

38. 【答案】 A

【解析】投资者一般在预期价格上升时购入看涨期权，而卖出者预期价格会下跌；投资者一般在预期价格下跌时购入看跌期权，而卖出者预期价格会上升。

39. 【答案】 D

【解析】贷款回收与处置直接关系到商业银行预期收益的实现和信贷资金的安全，贷款到期按合同约定足额归还本息，是借款人履行借款合同、维护信用关系当事人各方权益的基本要求。

40.【答案】 B

【解析】银行承兑汇票是由在承兑银行开立存款账户的存款人出票,向开户银行申请并经银行审查同意承兑后,保证在指定日期无条件支付确定的金额给收款人或持票人的票据。银行承兑汇票期限自出票之日起最长不得超过6个月。

41.【答案】 A

【解析】商业银行托管业务:资产托管业务、代保管业务。

42.【答案】 D

【解析】财务顾问服务包括:①财务融资顾问;②财务制度顾问;③财务重组顾问;④投资理财顾问;⑤收购兼并顾问。其中,投资理财顾问是指商业银行向客户提供财务分析与规划、投资建议、个人投资产品推介等专业化服务。

43.【答案】 C

【解析】代理证券资金清算业务主要包括:①一级清算业务,即各证券公司总部以法人为单位与证券登记结算公司之间发生的资金往来业务;②二级清算业务,即法人证券公司与下属证券营业部之间的证券资金汇划业务。

44.【答案】 C

【解析】离岸银行业务是指银行吸收非居民的资金,服务于非居民的金融活动这里的银行是指经国家外汇管理局批准经营外汇业务的中资银行及其分支行。目前获得国家批准可以办理离岸银行业务的中资商业银行有四家:交通银行、浦发银行、招商银行、平安银行。

45.【答案】 D

【解析】咨询顾问业务是银行利用在信息、知识、人才、产品、渠道等方面的综合优势,为客户提供包括财务投融资在内的各项咨询与服务。咨询顾问业务包括:①咨询服务,主要有信息咨询、资信证明、资信调查;②财务顾问服务,包括财务融资顾问、财务制度顾问、财务重组顾问、投资理财顾问、收购兼并顾问。

46.【答案】 A

【解析】保证收益理财产品是指商业银行按照约定条件向客户承诺支付固定收益,银行承担由此产生的投资风险、或银行按照约定条件向客户承诺最低收益并承担相关风险,其他投资收益由银行和客户按照合同约定分配,并共同承担相关投资风险的理财计划。

47.【答案】 B

【解析】理财业务中,商业银行主要承担的是声誉风险、流动性风险和操作风险,但随着"理财有风险,投资须谨慎"到"卖者有责"的消费理念、监管理念转变,商业银行需要承担的信用风险范围也呈扩大趋势,产生于传统信贷业务中的信用风险管理机制在理财业务中发挥了越来越重要的作用。

48.【答案】 C

【解析】根据中国银监会《商业银行理财产品销售管理办法》的规定,理财产品的风险评级结果由低到高应当至少包括5个等级,即从风险一级至风险五级。商业银行理财产品风险评级等级超过5级的,应同时对外披露其与5个风险等级的对应关系。

49.【答案】 D

【解析】"买者自负"的含义是,产品的购买者要从购买行为中获得利益,也要自己承担决策风险，这也是目前世界各国通常不会因为股市的涨跌而向投资者提供赔偿的原因。强调"买者自负"原则包含两层意思：①金融投资者要加强自我教育，充分认识金融产品与市场中蕴含的风险，对自己的投资决策负责；②要求产品提供方对产品的已知缺陷和风险进行适当披露，尽可能避免客户对所购买的产品存在很大的误解。

50．【答案】 C

【解析】银行进行客户教育，一方面，要为客户提供相关信息和培训，使他们具备理解各类金融产品和服务的知识；另一方面，在了解"卖者有责"的基础上，也要使客户接受和遵循"买者自负"这一市场经济基本原则。强调"买者自负"的原则包含两层意思：①金融投资者要加强自我教育，充分认识金融产品与市场中蕴含的风险，对自己的投资决策负责；②要求产品提供方对产品的已知缺陷和风险进行适当的披露，尽可能避免客户对所购买的产品存在很大的误解。

51．【答案】 B

【解析】银行业务创新包括三个层面的"创新"：宏观层面、中观层面和微观层面。①宏观层面的金融创新是指货币信用制度、体制的变革与突破；②中观层面的金融创新是指20世纪50年代末以后，金融机构特别是银行中介功能的变化；③微观层面的金融创新仅指金融工具的创新。

52．【答案】 A

【解析】增加流动创新型金融工具，它包括能使原有的金融工具提高变现能力和可转换性的新金融工具，如长期贷款的证券化等。

53．【答案】 C

【解析】在银行组织构架的内部管理上，也将银行机构分为成本中心和利润中心两类，其中前者涵盖了管理部门、运作中心、培训机构等机构，而后者包括独立核算的分支机构、产品线和子公司等。

54．【答案】 B

【解析】市净率的计算公式是：市净率＝每股市价（P）／每股净资产。

55．【答案】 A

【解析】生息资产是贷款及投资资产、存放央行款项、存放拆放同业款项等指标的总称。资产结构主要指的是银行各类生息资产（包括贷款、债券、资金业务等）占总资产的比重。

56．【答案】 D

【解析】贷款按风险基础分为正常、关注、次级、可疑和损失五类，其中后三类合称为不良贷款。根据计算公式可得：拨备覆盖率＝贷款损失准备÷不良贷款×100％＝6÷（3＋1.5＋0.5）×100％＝120％。

57．【答案】 B

【解析】有利于合规风险管理的基本制度主要包括三项：①建立对管理人员合规绩效的考核制度，体现倡导合规和惩处违规的价值观念；②建立有效的合规问责制度，严格对违规行为的责任认定与追究，并采取有效的纠正措施，及时改进经营管理流程，适时修订相关政策、程序和操作指南；③建立诚信举报制度，鼓励员工举报违法、违反职业操守或可疑的行为,并充分保护举报人。

58.【答案】 C

【解析】股东大会是股东参与银行重大决策的一种组织形式,是股份公司的最高权力机构,是股东履行自己的责任、行使自己权利的机构与场所。

59.【答案】 D

【解析】监事会是商业银行的内部监督机构,对股东大会负责。监事会例会每季度至少应当召开一次,监事会临时会议召开程序由商业银行章程规定。

60.【答案】 B

【解析】被评为基本称职的董事,董事会和监事会应当组织会谈,向董事本人提出限期改进要求,如长期未能有效改进,商业银行应当更换董事;被评为不称职的董事,商业银行应当及时更换。

61.【答案】 A

【解析】久期指某项金融资产(或负债)在未来时间内产生的收益现金流的加权平均时间,权数为各期收益现金流的现值在资产市场价值中所占的权重。

62.【答案】 A

【解析】在商业银行资产负债管理中,经济资本作为一项重要工具,主要用于绩效考核和风险定价两个方面。

63.【答案】 B

【解析】资产负债组合管理是对银行资产负债表进行积极的管理。

64.【答案】 A

【解析】资产负债管理的核心策略是表内资产负债匹配。

65.【答案】 C

【解析】《巴塞尔新资本协议》三大支柱:最低资本要求、外部监管、市场约束。

66.【答案】 B

【解析】第三版巴塞尔资本协议引入了杠杆率监管标准。杠杆率监管指标基于规模计算(该指标采用普通股或核心资本作为分子,所有表内外风险暴露作为分母),与具体资产风险无关的,以此控制商业银行资产规模的过度扩张,并作为资本充足率的补充指标,杠杆率不能低于3%,要求银行自2015年开始披露杠杆率信息,2018年正式纳入第一支柱框架。

67.【答案】 C

【解析】《巴塞尔新资本协议》明确商业银行总资本充足率不得低于8%,核心资本充足率不得低于4%。因此,若风险加权总资产为10000亿元,则资本不得低于10000×8% = 800(亿元),核心资本不得低于10000×4% = 400(亿元)。

68.【答案】 A

【解析】RAROC(风险调整后的资本回报率)克服了传统财务绩效考核中盈利目标未能充分反映资本成本的缺陷,将商业银行的收益与风险直接挂钩,从根本上改变了银行忽视风险、盲目追求利润的经营方式。

69.【答案】 B

【解析】久期分析也称为持续期分析或期限弹性分析,是衡量利率变动对银行经济价值影响的一种方法。

70.【答案】　B

【解析】标准法将银行全部业务划分为公司金融、交易和销售、零售银行、商业银行、支付和清算、代理服务、资产管理、零售经纪和其他业务等9个业务条线。B项，目前，我国商业银行不能从事证券经营业务。

71.【答案】　D

【解析】非预期损失是指在未来一段时间内，一定置信度（如99.9%）下，银行承担的风险可能超出预期损失的损失水平。从风险管理的角度看，银行承担的非预期损失要靠银行持有的资本进行覆盖。

72.【答案】　A

【解析】接管是商业银行已经或者可能发生信用危机，严重影响存款人的利益时，银监会对该银行采取的监管措施。

73.【答案】　C

【解析】按照《中华人民共和国反洗钱法》的规定，金融机构所建立的客户身份资料和客户交易信息在业务关系或交易结束后至少应保存的时间为5年。

74.【答案】　D

【解析】《商业银行法》规定，商业银行因解散、被撤销和被宣告破产而终止。

75.【答案】　C

【解析】信贷渠道指货币政策工具通过调控货币供给量的增加和减少，影响到银行规模和结构的变化，从而对实际经纪产生影响。

76.【答案】　A

【解析】《民法通则》第三十七条规定，法人应当具备下列条件：①依法成立；②有必要的财产和经费；③有自己的名称、组织机构和场所；④能够独立承担民事责任。B项，以营利为目的不是法人成立的要件。

77.【答案】　B

【解析】抵押是指为担保债务的履行，债务人或者第三人不转移财产的占有，将财产抵押给债权人的，债务人不履行到期债务或者发生当事人约定的实现抵押权的情形，债权人有权就该财产优先受偿。

78.【答案】　B

【解析】《物权法》建立抵押合同成立与抵押权设立分离的机制，即抵押合同可以先生效，而抵押权设立则需经过一定的法定手续后方能生效。《物权法》规定，以该法第一百八十条第一款第一项至第三项规定的财产或者第五项规定的正在建造的建筑物抵押的，应当办理抵押登记。抵押权自登记时设立。

79.【答案】　B

【解析】人民法院受理破产案件后，应通知债权人，并予以公告。由此产生的法律效果有：①对债务人的约束；②禁止个别清偿；③对债务人的债务人或者财产持有人的约束；④关于破产申请受理前成立而债务人和对方当事人均未履行完毕的合同的处理；⑤解除保全，中止执行；⑥对其他民事程序的影响。

80. 【答案】 D

【解析】破产债权，是指在人民法院受理破产申请时对债务人享有的债权。人民法院受理破产申请后，应当确定债权人申报债权的期限。债权申报期限自人民法院发布受理破产申请公告之日起计算，最短不得少于 30 日，最长不得超过三个月。

81. 【答案】 A

【解析】A 项，犯罪预备行为虽然尚未直接侵害犯罪客体，但已经使犯罪客体面临即将实现的现实危险，因而同样具有社会危害性。因此，犯罪预备行为同样具有可罚性，应当追究刑事责任。同时考虑到犯罪预备行为毕竟尚未着手实行犯罪，还没有实际造成社会危害，因此，对于预备犯，可以比照既遂犯从轻、减轻处罚或者免除处罚。

82. 【答案】 B

【解析】根据《行政许可法》的规定，行政许可申请人的权利包括：①公民、法人或者其他组织符合法定条件、标准的，有依法取得行政许可的平等权利，行政机关不得歧视；②公民、法人或者其他组织对行政机关实施行政许可，享有陈述权、申辩权；③有权依法申请行政复议或者提起行政诉讼；④合法权益因行政机关违法实施行政许可受到损害的，有权依法要求补偿、赔偿；⑤行政许可直接涉及申请人与他人之间重大利益关系的，其与利害关系人都享有听证权，且不承担行政机关组织听证的费用。

83. 【答案】 C

【解析】根据《行政处罚法》，我国行政处罚决定程序主要有简易程序、一般程序，此外还可以应行政处罚当事人的要求适用听证程序。

84. 【答案】 A

【解析】根据《行政处罚法》，行政强制执行只能由法律设定；法律没有规定行政机关可以强制执行的，作出行政决定的行政机关应当申请人民法院强制执行。

85. 【答案】 B

【解析】《商业银行法》规定，商业银行已经或者可能发生信用危机，严重影响存款人的利益时，银监会可以对该银行实行接管。自接管开始之日起，由接管组织行使商业银行的经营管理权力。

86. 【答案】 C

【解析】银监会、中国人民银行都是垂直领导的中央行政机关，对银监会、中国人民银行作出的具体行政行为不服的，向银监会、中国人民银行申请复议。对行政复议决定不服的，可以向人民法院提起行政诉讼；也可以向国务院申请裁决，国务院依法作出最终裁决。

87. 【答案】 B

【解析】《中华人民共和国银行业监督管理法》第三条规定：银行业监督管理的目标是促进银行业的合法、稳健运行，维护公众对银行业的信心。银行业监督管理应当保护银行业公平竞争，提高银行业竞争能力。

88. 【答案】 C

【解析】保护存款人和广大金融消费者的利益，这是银监会的基本职责和目标追求，是国际上银行监管机构的共同目标，也是银监会区别于目前我国其他监管机构的根本所在。

89. 【答案】 A

【解析】考查银行业从业人员与同事的内容。

90. 【答案】 D

【解析】"岗位职责"要求银行业从业人员需遵循银行岗位职责划分和风险隔离的操作规程，确保客户交易安全，除非经内部职责调整或经过适当批准，不代其他岗位人员履行职责或将本人工作委托他人代为履行。

二、多项选择题

1. 【答案】 ABCD

【解析】考核经济周期的四个阶段。繁荣、衰退、萧条、复苏。

2. 【答案】 ACDE

【解析】从支出角度来看，GDP 由消费、投资和净出口三大部分构成。投资也称为资本形成，包括固定资本形成（其中含房地产和非房地产投资）和存货增加两部分。私人购买住房的支出，包含在投资的固定资本形成中。B 项属于消费。

3. 【答案】 ACE

【解析】超额存款准备金主要用于支付清算、头寸调拨和作为资产运用的备用资金。

4. 【答案】 ACE

【解析】在具体实施货币政策时，从中央银行认识到需采取货币政策，然后制定并实施货币政策，到所采取的货币政策发挥作用、对货币政策的最终目标产生影响，需要相当长的一段时间，这段时间被称为货币政策的时滞。

5. 【答案】 AB

【解析】按融资方式划分，金融工具可分为直接融资工具和间接融资工具。直接融资工具包括政府、企业发行的国库券、企业债券、商业票据、公司股票等；间接融资工具包括银行债券、银行承兑汇票、可转让大额存单、人寿保险单等。

6. 【答案】 BD

【解析】同业拆借市场是金融机构进行流动性管理的重要场所，主要满足金融机构日常资金的支付清算和短期融通需要。

7. 【答案】 CDE

【解析】债券发行价格是发行者将债券出售给初始购买者的价格。按照与债券面额的关系，债券发行价格可分为平价、溢价和折价发行三种。平价是指按照债券的面额发行；溢价是指按照高于债券面额的价格发行；折价是指按照低于债券面额的价格发行。

8. 【答案】 BCDE

【解析】由银监会负责监管的非银行金融机构包括金融资产管理公司、信托公司、企业集团财务公司、金融租赁公司、汽车金融公司、货币经纪公司、贷款公司和消费金融公司。

9. 【答案】 ABCDE

【解析】股票是股份有限公司发行的、用以证明投资者的股东身份和权益，并据以获得股息和红利的凭证。就其性质来看：股票是股份公司资本的构成部分，代表着股东对公司的所有权，是代表一定经济利益分配权利的资本证券。股票的持有者即为发行股票的公司的股东，可以凭借股票来证明自己的股东身份，有权参加股份公司的股东大会、对股份公司的经

· 25 ·

营发表意见、参与公司的决策；股票持有者还可以凭借股票参加股份发行企业的利润分配，分享公司的利益，但也要分担公司的责任和经营风险。

10.【答案】　ABCD

【解析】最后贷款人没有责任救助那些因管理不善出现清偿力危机而资不抵债的金融机构。对于出现清偿力危机，则表明银行已经濒临破产倒闭，一般不应施以救助。

11.【答案】　DE

【解析】中国银监会监管的非银行金融机构包括金融资产管理公司、信托公司、企业集团财务公司、金融租赁公司、汽车金融公司、货币经纪公司、贷款公司和消费公司。

12.【答案】　ADE

【解析】对于定期存款，如果储户在存款到期前要求提前支取，必须持存单和存款人的身份证明办理，并按支取日挂牌公告的活期存款利率计付利息。

13.【答案】　ABC

【解析】外币存款业务与人民币存款业务除了存款币种和具体管理方式不同之外，有许多共同点，两种存款业务都是存款人将资金存入银行的信用行为，都可按存款期限分为活期存款和定期存款，按客户类型分为个人存款和单位存款等。此外，这两种存款业务都是商业银行的负债。

14.【答案】　ABC

【解析】长期借款是指期限在一年以上的借款，一般采用发行金融债券的形式，具体包括发行普通金融债券、次级金融债券、混合资本债券、可转换债券等。与长期借款相对应，短期借款是指期限在一年或一年以下的借款，主要包括同业拆借、债券回购和向中央银行借款等。

15.【答案】　ABC

【解析】国债具有风险低、流动性高、收益率相对较低的特点。

16.【答案】　CDE

【解析】远期外汇交易是指交易双方在成交后并不立即办理交割，而是事先约定币种、金额、汇率、交割时间等，到期才进行实际交割的外汇交易。远期外汇交易最大的优点在于能够对冲汇率在未来上升或者下降的风险，因而可以用来进行套期保值或投机。

17.【答案】　CE

【解析】法人商业用房按揭贷款，是指贷款人向借款人发放的用于购置商业用房和自用办公用房的贷款。

18.【答案】　ABC

【解析】看涨期权买方、期货合约买方、远期合约买方的最大收益均不确定。看涨期权卖方、看跌期权卖方最大收益为期权费。

19.【答案】　BCD

【解析】A项，进口押汇包括进口信用证项下押汇和进口代收项下押汇，目前，银行主要办理进口信用证项下的进口押汇业务；E项，从业务运作的实质来看，福费廷就是远期票据贴现。

20.【答案】　ADE

【解析】交易所市场是债券市场的另一重要组成部分，它由各类社会投资者参与，属于集中撮合交易的零售市场，典型的结算方式是实行净额结算。交易所债券市场的交易品种包括现券交易、质押式回购、融资融券。

21. 【答案】 CE

【解析】托收属于商业信用，托收银行与代收银行对托收的款项是否收到不承担责任；跟单托收一般用于进出口贸易款项的收付，没有银行信用介入；进口代收通常用于购买旧船的贸易。

22. 【答案】 ACDE

【解析】B项，非保本浮动收益理财产品是指商业银行根据约定条件和实际投资收益情况向投资者支付收益，但不保证投资者本金安全、也不承诺收益水平的理财计划类型。

23. 【答案】 AB

【解析】互联网支付业务由人民银行负责监管，网络接待业务、互联网信托业务和互联网消费金融业务由银监会负责监管，股权众筹融资业务和互联网基金销售业务由证监会负责监管，互联网保险业务则由保监会负责监管。

24. 【答案】 ABCDE

【解析】除ABCDE五项外，银行业务创新活动还体现在业务流程和金融产品方面。

25. 【答案】 ABCD

【解析】商业银行开展金融创新，需要遵循如下一些基本原则：①合法合规原则；②公平竞争原则；③知识产权保护原则；④成本可算原则；⑤风险可控原则；⑥信息充分披露原则；⑦维护客户利益原则；⑧四个"认识"原则。

26. 【答案】 ABCDE

【解析】在金融创新活动中，银行需要特别注意从以下六个方面来保护客户的利益：①审慎尽责；②充分信息披露；③引导理性消费；④客户资产隔离；⑤妥善处理利益冲突；⑥客户教育。其中，充分信息披露要求商业银行向客户准确、公平、没有误导地进行信息披露，充分揭示与创新产品和服务有关的权利、义务和风险；客户资产隔离要求严格界定和区分银行资产和客户资产，进行有效的风险隔离管理，对客户的资产进行充分保护。妥善处理利益冲突中要求要建立有效受理客户投诉以及建议的渠道，及时、高效地处理客户投诉。

27. 【答案】 ABE

【解析】C项，借助大数据和互联网技术，商业银行实现批量化业务处理，大大降低了运营成本；D项，基于微信等新媒体的病毒式推广和网络自发传播，可以在短时间内将产品信息推送至数以万计的客户群体，使营销成本大幅降低。

28. 【答案】 AB

【解析】A项，第三方支付平台运用电子化手段为市场交易者提供前台支付或后台服务操作；B项，第三方支付平台的服务对象主要是网络用户、手机用户、银行卡和预付卡持卡人等。

29. 【答案】 ABCD

【解析】E项，矩阵型组织架构的主要特点是：在总行和分支机构之间设立若干区域总部；总行与区域总部按相同序列设立若干事业部，区域总部的事业部接受区域总部领导人和总行相同事业部领导人的双重领导。

30. 【答案】 BDE

【解析】A项，董事会例会每季度应至少召开一次。C项，非执行董事是指在商业银行不担任经营管理职务的董事；独立董事是指不在商业银行担任除董事以外的其他职务，并与所聘商业银行及其主要股东不存在任何可能影响其进行独立、客观判断关系的董事。

31. 【答案】 ABCD

【解析】固定薪酬即基本薪酬，是商业银行为保障员工基本生活而支付的基本报酬，包括津补贴，主要根据员工在商业银行经营中的劳动投入、服务年限、所承担的经营责任及风险等因素确定。E项，绩效薪酬主要根据当年经营业绩考核结果来确定。

32. 【答案】 CDE

【解析】A项，内部是指资金中心与业务单位之间发生的资金价格转移，而非外部的、银行与客户之间的价格；B项，资金中心是指虚拟的资金计价中心，并非日常所看到的实体资金交易部门。

33. 【答案】 AC

【解析】资金管理的核心是建设内部资金转移定价机制和全额资金管理体质，建成以总行为中心、自下而上集中资金和自上而下配置资金的收支两条线、全额计价、集中调控、实时监测和控制全行资金流的现代商业银行司库体系。

34. 【答案】 ACDE

【解析】商业银行提高资本充足率的分子对策，包括增加一级资本和二级资本。一级资本：如果一家银行核心资本离监管当局的要求相差很远，就必须采用发行普通股或非累积优先股的形式来筹集资本。二级资本：商业银行增加二级资本的方法，主要包括发行可转换债券、混合资本债券和长期次级债券。

35. 【答案】 ABE

【解析】C项，一级资本应能够在银行持续经营条件下吸收损失，其中普通股（含留存收益）应在一级资本中占主导地位；D项，第三版巴塞尔资本协议强化资本充足率监管标准。

36. 【答案】 BE

【解析】B项，经济增加值=税后净营业利润－经济资本×资本成本；E项，风险调整后的资本回报率（RAROC）已成为国际通用的银行业风险收益评价方法。

37. 【答案】 AB

【解析】风险识别包括感知风险和分析风险两个环节。感知风险是通过系统化的方法发现商业银行所面临的风险种类、性质；分析风险是深入理解各种风险内在的风险因素。

38. 【答案】 BCD

【解析】AE两项属于证券交易所决定暂停上市公司股票上市交易的情况。上市公司有下列情形之一的，由证券交易所决定终止其股票上市交易：①公司股本总额、股权分布等发生变化不再具备上市条件，在证券交易所规定的期限内仍不能达到上市条件；②公司不按照规定公开其财务状况，或者对财务会计报告作虚假记载，且拒绝纠正；③公司最近三年连续亏损，在其后一个年度内未能恢复盈利；④公司解散或者被宣告破产；⑤证券交易所上市规则规定的其他情形。

39. 【答案】 ACDE

【解析】行政复议当事人主要有申请人、被申请人和第三人—行政复议当事人的权利有：①陈述权。行政复议原则上采取书面审查的办法，但是申请人可以要求行政复议机关负责法制工作的机构向有关组织和人员调查情况，听取申请人、被申请人和第三人的意见。②阅卷权。申请人、第三人可以查阅被申请人提出的书面答复、作出具体行政行为的证据、依据和其他有关材料，除涉及国家秘密、商业秘密或者个人隐私外，行政复议机关不得拒绝。③撤回权。行政复议决定作出前，申请人要求撤回行政复议申请的，经说明理由，可以撤回；撤回行政复议申请的，行政复议终止。④救济权。行政复议当事人对行政复议决定不服的，享有依法规定向人民法院提起行政诉讼的救济权，但是法律规定行政复议决定为最终裁决的除外。

40. 【答案】 ABCDE

【解析】开放条件下银行风险来源主要有经济周期、期限错配、对客户的经济及还款能力评估失误、市场环境变化、网络技术发展等，风险具体种类按照《有效银行监管核心原则》的归类共有信用风险、市场风险等八大类。

三、判断题

1. 【答案】 A

【解析】行业组织创新是使行业组织重新获得竞争优势的过程。一些组织创新活跃的行业，随着新技术、新产品和新型组织关系的不断涌现，往往能获得超额利润。

2. 【答案】 B

【解析】中国人民银行对商业银行的再贷款利率，可以理解为我国目前的基准利率。贷款基础利率是指商业银行对其最优质客户执行的贷款利率，其他贷款利率可在此基础上加减点生成。

3. 【答案】 B

【解析】直接融资工具包括政府、企业发行的国库券、企业债券、商业票据、公司股票等间接融资工具包括银行债券、银行承兑汇票、可转让大额存单、人寿保险单等。

4. 【答案】 A

【解析】贷款公司是经中国银行业监督管理委员会依据有关法律、法规批准，由境内商业银行或农村合作银行在农村地区设立的专门为县域农民、农业和农村经济发展提供贷款服务的非银行金融机构。

5. 【答案】 B

【解析】商业银行的负债业务由存款和借款构成。贷款业务是商业银行的资产业务。

6. 【答案】 B

【解析】银行外汇牌价表中的现汇买入价/现钞买入价/现汇卖出价/现钞卖出价都是以银行为主体的表示方法。

7. 【答案】 A

【解析】银团贷款又称辛迪加贷款，是指由两家或两家以上银行基于相同贷款条件，依据同一贷款协议，按约定时间和比例，通过代理行向借款人提供的本外币贷款或授信业务。按照在银团贷款中的职能和分工，银团贷款成员通常分为牵头行、代理行和参加行等角色。

8.【答案】　B

【解析】福费廷不同于一般的票据贴现业务，如银行（包买人）放弃了票据追索权，属于中长期融资，票据金额较大，只能基于真实贸易背景开立票据，融资条件较为严格，银行（包买人）承担了票据拒付的所有风险，带有长期固定利率融资的性质。

9.【答案】　B

【解析】转账卡是实时扣账的一种借记卡，除用于转账结算外，还具有存取现金和消费功能。

10.【答案】　B

【解析】银行业是一个信息不对称程度非常高的行业，在创新方面，信息不对称程度更高。

11.【答案】　B

【解析】为了切实保护客户的利益，银行需要在客户教育方面做出更大的努力。银行进行客户教育，就是要提高客户（更广泛地说是社会公众）的金融素质，其内容有：①要为客户提供相关信息和培训，使他们具备理解各类金融产品和服务的知识；②也要使他们接受和遵循"买者自负"这一市场经济基本原则。

12.【答案】　A

【解析】市场风险对冲是指通过投资或购买与管理基础资产收益波动负相关的某种资产或金融衍生产品来冲销风险的一种风险管理策略。当原风险敞口出现亏损时，新风险敞口能够盈利，并且使盈利能够尽量全部抵补亏损。

13.【答案】　A

【解析】审慎经营规则是银监会对银行业金融机构提出的核心经营目标，包括风险管理、内部控制、资本充足率、资产质量、损失准备金、风险集中、关联交易、资产流动性等内容。

14.【答案】　B

【解析】根据《物权法》的规定，设立质权，当事人应当采取书面形式订立质权合同。

15.【答案】　B

【解析】行政复议不受理不服行政机关作出的行政处分或者其他人事处理决定以及不服行政机关对民事纠纷作出的调解或者其他处理等事项。